教育部重点推荐
新世纪财经系列教科书

李海波工作室

新编审计学
XINBIAN SHENJIXUE

（第五版）

李海波 主　编
蒋　瑛 副主编

立信会计出版社
LIXIN ACCOUNTING PUBLISHING HOUSE

图书在版编目(CIP)数据

新编审计学/李海波主编. —5版. —上海:立信会计出版社,2011.6
新世纪财经系列教科书
ISBN 978-7-5429-2955-6

Ⅰ.①新… Ⅱ.①李… Ⅲ.①审计学—教材 Ⅳ.①F239.0

中国版本图书馆 CIP 数据核字(2011)第 127903 号

责任编辑　陈旻
封面设计　周崇文

新编审计学(第五版)

出版发行	立信会计出版社		
地　址	上海市中山西路 2230 号	邮政编码	200235
电　话	(021)64411389	传　真	(021)64411325
网　址	www.lixinaph.com	电子邮箱	lxaph@sh163.net
网上书店	www.shlx.net	电　话	(021)64411071
经　销	各地新华书店		
印　刷	常熟市梅李印刷有限公司		
开　本	890 毫米×1240 毫米	1/32	
印　张	8.375	插　页	3
字　数	220 千字		
版　次	2011 年 6 月第 5 版		
印　次	2016 年 7 月第 6 次		
印　数	15 501—18 600		
书　号	ISBN 978-7-5429-2955-6/F		
定　价	24.00 元		

如有印订差错　请与本社联系调换

李海波 毕业于中央财经大学，教授，研究员，中国注册会计师，享受国务院政府特殊津贴的专家。

长期从事会计、财金等教学、理论研究和高校管理工作。先后兼任中国会计学会理事，中国审计学会理事，中国生产力学会常务理事，上海生产力学会常务副会长等职。多年来，主编出版了《公司会计》、《企业会计》、《股份制会计》、《新编审计学》、《财务管理》、《新编会计学原理》、《经济法》、《财政与金融》、《金融会计》、《管理会计》、《中国税制》、《珠算》、《生产力词典》等著作、词典、教科书四十多部，论文数十篇，教学、科研成果突出；多次荣获国家教育部、中国书刊发行业协会、全国高校出版社、华东地区大学出版社、上海市教委颁发的"全国优秀畅销书奖"、"全国生产力理论实践成果著作一等奖"、"建国精品图书奖"、"全国优秀教材奖"、"全国优秀畅销书排行榜金杯奖"和"优秀畅销书一等奖"；多次被授予"上海市财贸系统有突出贡献的优秀专家"称号，荣获"宝钢奖"。曾受聘担任国家教育部全国专科教育人才培养工作委员会副主任，并被收入《中国大学校长名典》和《中国教育名人录》。

前 言

为了适应各类院、校财会、审计教学以及职业技术教育、上岗培训、技术职称考试、自学进修的需要,受全国经济书店、全国立信会计事业协作会和出版社的委托,组织有关专家、学者和财会、审计教育工作者编写了《新编审计学》一书。该书问世以后,受到广大读者的欢迎和有关专家的好评。

本书出版以来,在全国29个省、市、自治区发行,连续再版印刷数十次,荣获优秀图书奖。为使本书内容更趋完善,作者对全书再次作了充实和修改,敬献给广大读者。

本书被国家教育部列为重点推荐教科书。

本书根据《中华人民共和国审计法》、《中华人民共和国注册会计师法》、《中国注册会计师独立审计准则》的有关规定,汲取了近年来审计实务经验编写而成,是一本内容新颖、实用性强的规范化读物,适合我国各类院、校的教学需要,也可作为审计人员自学参考用书。

本书由我国会计学专家、注册会计师、中国审计学会理事、中国会计学会理事、中国生产力学会常务理事、曾受聘担任全国专科教育人才培养工作委员会副主任、享受国务院政府特殊津贴的专家李海波教授任主编,会计专家蒋瑛为副主编。参加编写的人员有(以姓氏笔画为序):李海波、蒋瑛、余名岳、朱本华、张翠琼、李俊、干晓露、陈锦骅、周燕、郭福琴、汤靓、吕丹、李志松、熊成秀、邢明德、宋本强等。由李海波、蒋瑛任总纂。

本书得到全国经济书店、全国立信会计事业协作会、立信会计出版社和中国审计学会等有关专家、学者的大力支持,在此谨表谢意。

本书难免存在缺点和错误,恳请读者批评指正。

目　　录

第一章　总论 …………………………………………… 1
　第一节　审计的涵义 ………………………………… 1
　第二节　审计的分类 ………………………………… 14
　第三节　审计组织和审计人员 ……………………… 22
　复习思考题 …………………………………………… 28

第二章　审计准则 ……………………………………… 29
　第一节　审计准则的定义与作用 …………………… 29
　第二节　审计准则的内容 …………………………… 31
　复习思考题 …………………………………………… 42

第三章　审计方法和审计程序 ………………………… 43
　第一节　审计方法 …………………………………… 43
　第二节　审计程序 …………………………………… 58
　复习思考题 …………………………………………… 67

第四章　企业内部控制制度的审计 …………………… 69
　第一节　企业内部控制制度的涵义和作用 ………… 69
　第二节　企业内部控制制度的分类和内容 ………… 72
　第三节　企业内部控制制度的审计 ………………… 77
　复习思考题 …………………………………………… 85

第五章　财务报表审计 ………………………………… 86

第一节　财务报表审计的目标和范围 ········· 87
第二节　财务报表审计的方法、程序和内容 ····· 88
第三节　资产负债表的审计 ··············· 91
第四节　利润表的审计 ··················· 96
第五节　现金流量表的审计 ··············· 100
复习思考题 ······························ 105

第六章　资产审计 ························· 106
第一节　流动资产审计 ··················· 106
第二节　非流动资产审计 ················· 130
复习思考题 ······························ 145

第七章　负债及所有者权益审计 ············· 147
第一节　流动负债审计 ··················· 147
第二节　非流动负债审计 ················· 162
第三节　所有者权益审计 ················· 167
复习思考题 ······························ 177

第八章　收入、成本和费用审计 ············· 178
第一节　收入、成本和费用的审计目标 ····· 179
第二节　营业收入审计 ··················· 179
第三节　成本和费用审计 ················· 183
复习思考题 ······························ 194

第九章　利润及其分配审计 ················· 195
第一节　利润审计 ······················· 195
第二节　利润分配审计 ··················· 203
第三节　企业破产和兼并审计 ············· 206

复习思考题 …………………………………………………… 212

第十章 审计工作底稿和审计报告 …………………………… 213
 第一节 审计工作底稿 ………………………………………… 213
 第二节 审计报告 ……………………………………………… 223
 复习思考题 …………………………………………………… 236

第十一章 验资 ……………………………………………………… 237
 第一节 验资的意义和种类 …………………………………… 238
 第二节 验资的一般原则 ……………………………………… 240
 第三节 验资的步骤 …………………………………………… 241
 第四节 验资的方法 …………………………………………… 247
 第五节 验资报告 ……………………………………………… 252
 复习思考题 …………………………………………………… 259

第一章

总 论

学习目标 本章是审计的导言,概述了审计的一些基本理论。通过学习,要求了解审计的产生和发展的历史,明确审计的定义及内涵,进而知悉审计的对象、职能、作用、目标、特点和任务等问题,使之对这门学科的概貌从总体上有所了解,为学习以后各章打下基础。

第一节 审计的涵义

一、什么是审计

什么是审计?国内外有关论述很多,近十几年来,我国审计界对审计的定义表述也不少,其中有代表性的是:

"审计是由有关专职机构和人员依法对被审计单位的财政、财务收支及其有关经济活动的真实性、合法性、效益性进行审查,评价经济责任,用以维护财经法纪,改进经营管理,提高经济效益,促进宏观调控的独立性经济监督活动。"(1989年中国审计学会提出)

"独立审计是指注册会计师依法接受委托对被审计单位的会计报表及其相关资料进行独立审查并发表审计意见。"(1995年中国注册会计师协会提出)

"审计是独立检查会计账目,监督财政、财政收支真实、合法、效益的行为。"(1995年国家审计署提出)

根据以上几种代表性的表述,试将审计的定义概括为:

审计是由专门机构和人员依法对被审计单位的财政、财务收支的会计记录及其有关经济资料所反映的经济活动真实性、合法性和效益性进行审查和监证,评价经济责任,用以维护财经法纪,改进经营管理,提高经济效益的一项独立性经济监督活动。

从审计定义的内容来看,有其广泛而丰富的涵义,包含了审计的主体和客体、依据、对象、职能、目标、作用、特点等诸方面,与社会上所说的查账不同。查账仅对反映经济活动的会计凭证、账册、报表等会计资料进行检查,只是经济监督的一种手段,而审计则是利用查账手段达到其审计经济责任及其引起的经济活动。现在就其中主要方面作一说明。

(一)审计的主体

由谁来执行审计?这是审计的主体。根据审计的定义来看,审计主体是从事审计的专门机构和专门人员,即审计监督的执行者。按照我国发布的有关审计的法律、法规、条例规定,审计主体有三,即国家审计机构和人员(政府审计)、内部审计机构和人员及社会审计机构和人员(民间审计)。审计的专门机构和专职人员根据审计委托者或授权者的委托,对被审计单位或部门的财政、财务收支及有关项目进行审查、验证和评价,并根据审计结果提出审计报告。

(二)审计的客体

审计的客体是被审计单位。包括法定范围内的国家行政事业单位、企业单位和其他经济组织。

(三)审计的对象

审计的对象是什么?即审计所要审查和监督的内容。审计的对象是与审计主体相联系的审计客体的经济活动。审计是以他人所作的会计记录和财务事项作为对象的,自己审查自己所作的会计记录、财政收支和财务收支不能称为审计。按照《中华人民共和国审计法》规定,"国务院各部门和地方各级人民政府及其各部的财政收支,国有的金融机构和企事业组织的财务收支,以及其他依照本法规定应当接受审计的财政收支、财务收支,依照本法规定接受审计监督。"审计的对象应该是被审计单位或部门经济活动的会计记录、财政收支和财务收支及有关经济活动。

由于审计主体和客体的不同,其审计对象的具体内容也有所不同。

(1) 对财政税务机关的审计,主要是审查是否按国家方针政策及时、正确组织收入,是否严格执行国家预算和决算以及各项税收制度,有无多收、少收、漏收及截留税款和应上缴的利润,乱开减免税收口子等。

(2) 对国家金融机构的信贷收支的审计,主要是审查是否按国家方针政策规定,正确、合法地筹集资金和发放贷款,各项信贷运用是否合理、合法,发挥了应有的作用。

(3) 对行政事业单位的经费收支审计,主要是审计单位经费收入是否合理,经费支出是否按制度规定执行,有无铺张浪费,违法乱纪行为。

(4) 对企业单位的财务收支经济效益审计,主要是审查有无偷漏税收,截留应缴税费,有无违反财经纪律,乱支成本等现象。

随着世界各国经济的不断发展,作为审计对象的载体也在逐步发展。20世纪30年代的传统审计对象是会计记录,在手工操作条件下表现为会计凭证、会计账簿和会计报表等会计资料。70年代西方国家的现代审计对象除会计记录外还扩展到有关经营管理活动效率和效果以及有关法律、法规、规章制度等方面。近年来,我国随着经济改革的不断深化,对外开放的逐步扩大,吸收和借鉴了国外的经验,审计目标趋向多元化,审计对象的内容也在发展。目前除以审查财政收支、财务收支、财务责任为审计对象外,还拓展到被审计单位管理活动的可行性和有效性,开展了经济效益、经济责任等审计。

(四) 审计的职能

审计的职能是指审计自身所具有的内在功能。任何一项工作或一件物品之所以能存在并发挥其作用,就是因为它具有一定的功能。随着社会经济条件的不断改变和经济发展的客观需要,审计的功能也在不断地发展变化着。目前对审计职能的看法,一般认为审计具有经济监督、经济评价和经济鉴证的职能。其中经济监督是基本职能,经济评价和经济鉴证则是随着审计功能的不断发展变化,为适应现代审计的需要而形成的职能。

1. **经济监督职能**

审计的监督职能是指审计机构和审计人员按照国家法律、法规及规章制度监察督促被审计单位的会计记录、财务事项、经营管理活动及经济效益等,使之真实、有效、合法、合规、合理;查清有关违法乱纪、贪污浪费及经济管理中的严重缺点,对不真实、无效、不合法、不合规、不合理的事项加以揭露。

审计的监督职能自古有之,是最基本的职能。从封建王朝到资本主义,无一不设有专门机构、专门人员对财政收支、预算、决算进行审计监督。我国还将实行审计监督列入了国家宪法。《宪法》规定,"审计机关在国务院总理领导下,依照法律规定独立行使审计监督权,不受其他行政机关、社会团体和个人的干涉。"

国家审计的职能是监督。同样,内部审计、社会审计的职能也是监督。内部审计是对本部门、本单位的会计记录和财务事项进行监督。建立现代企业制度的重要内容之一就是完善企业内部监督机制,而监督机制中的内部审计监督则占有很重要的位置。社会审计是代委托者对被审计单位的经济活动实行监督。事实证明,经济越发展,越要搞活经济,搞活企业,越要加强审计监督,只有加强审计监督,才能加强宏观调控、严肃财经纪律、提高经济效益,才能维护国家和人民的利益。

2. **经济评价职能**

审计的经济评价职能是通过审核检查对被审查单位的会计记录、

财务事项及各项经济工作进行审查,并按一定标准对所查明的事实进行分析和判断,肯定成绩,揭露矛盾,总结经验,从而寻求提高经济效益的途径。对被审查单位编制的经济计划、预算、方案是否可行,经济决策是否正确,经济责任履行如何,经济效益怎样以及各项规章制度是否健全等方面进行评价,并作出结论。

审计监督是审计评价的前提,审计评价是审计监督的继续,是现代审计职能在传统审计职能基础上的扩展。评价的过程实质上是肯定成绩和发现问题的过程。只有在对被审查单位的会计和其他经济资料进行审核检查,弄清实情以后,才能依据国家法律、法规、规章制度进行分析;只有实事求是,认真地、准确地进行分析,才能客观、公正地对被审计单位作出评价,提出审计建议,改进被审查单位的工作,提高被审查单位的经济效益和效率,审计评价才能被社会所接受。

3. 经济鉴证职能

审计的鉴证职能是对被审计单位的会计记录、财务事项及各项经济活动的真实性、合法性、合理性、效益性作出书面鉴定和证明,确定其可信程度,从而只有通过审计的鉴定和证明财务状况和经营成果是否真实、合法、公允,并出具书面证明才能取得国家和社会各方面关系人的信任。例如上市股份公司的财务报表只有通过审计鉴证,其真实性、合法性、合理性与效益性才能得到确认,而与上市股份公司有利害关系的股东、投资者、债权人才能据此作出正确决策。

(五)审计的目的

审计的目的是指通过审计所要达到的最终结果。包括最终目的和直接目的两个方面。

最终目的是通过审计维持社会经济秩序,使国民经济健康、稳定和有序地发展。

直接目的是降低信息风险,满足信息使用者的需求。

(六)审计的目标

审计的目标是指为实现审计直接目的所确定的工作目标,是对研究和设立标准所进行的规定。

审计目标分为总体目标和具体目标。

总体目标是被审计单位的财政、财务收支及其有关经济活动的真实性、合法性、公允性和有效性。

具体目标是总体目标的具体化,即项目审计目标,是根据审计总目标的要求结合审计项目的具体内容所确定的实施项目的目标。

审计项目目标确定后,由审计人员针对审计项目所涉及的经济活动,审查其经济活动的形成及其结果,评价其经济及其有关资料反映是否真实、合法、有效,评价被审计单位和人员所应承担的经济责任,最后提出书面审计意见。

例如,对审计单位的财务会计报告的审计,其审计目标是真实性、合法性、公允性及会计处理方法的一贯性。真实性是指被审计单位的会计报表、会计账簿等会计资料是否正确、真实,会计报表记录之间,总分类账与明细分类账之间的余额是否相等;合法性是指财务会计报告及其会计处理是否遵循《企业会计准则》及国家有关财务会计法规,如被审计单位的资产是否安全和完整,经营业绩及财务状况的披露是否正确,有无虚假及违纪行为等;公允性是指被审计单位的财务会计报告是否公允地反映了在会计期间的经营成果和会计核算期末的财务状况有无夸大业绩和资产,隐瞒亏损和债务情况等;一贯性是指被审计单位的财务会计处理方法前后各期是否一致,财务会计报告所反映的信息是否有可比性等。

(七)审计的特点

审计的特点主要反映在以下几个方面。

1. 审计的独立性

审计的独立性是审计的主要特点,它是指审计人员应该从形式到实质在组织上、工作上、经济上独立于外部组织所服务的对象,独立地进行审计。在审计过程中自始至终地不受外来或内在因素的影响和干扰。

审计的独立性首先是在组织上要有独立的机构。审计机构要依照法律规定,独立行使审计监督权。要独立于被审计单位之外,不受任何部门、单位和个人的干涉。

其次是在工作上,审计人员要独立进行工作。审计人员与被审计单位之间应该是毫无利害关系,独立于被审计单位之外,不参与被审计单位的经济活动。在执行审计业务时,必须要独立思考,独立取证,坚持客观、公正、实事求是的精神,作出公允、合理的评价和结论。

再次是经济上独立。审计机构从事审计业务活动,在经济上必须保持独立。要有一定的经济收入和经费来源,在经济来源上受一定的法律保护,得以不受被审计单位的制约。

2. 审计的法制化

审计工作是以法律为依据的,全面实行法制化,主要体现在以下三个方面:

第一,我国《宪法》规定了审计机关依照法律规定有独立行使审计监督权,不受其他行政机关、社会团体和个人的干涉,从法律上确定了国家审计的地位。

第二,我国《审计法》规定了审计机关的职责、权限和法律责任。审计部门和被审计单位必须按照《审计法》的规定,依法办事。

第三,《注册会计师法》规范了审计人员道德行为规则。审计人员履行职责必须公正、客观,在审计过程中不准有滥用职权,营私舞弊,玩忽职守的行为。如有过失,将视情节轻重,追究其法律责任,从而使审计工作全面纳入法制化的轨道。

3. 审计的经济监督

审计工作的核心是检查和审核。经济监督是其最基本的特点。我国政府确认审计是较高层次的经济监督,受法律保护。可以审核所有经济工作。宪法规定审计机关对国务院各部门和地方各级政府的财政收支和国家财政金融机构和企业事业组织的财务收支,进行审计监督。因此国家审计机关具有很高的权威性。其他内部审计要按照国家有关规定建立并接受审计机关的业务指导和监督；民间审计经国家有关部门批准，按照国家有关规定进行管理。随着经济的发展，三者经济监督的任务也不断发展，促使审计监督体系逐步完善，本书将以注册会计师审计为重点循序进行介绍。

（八）审计的作用

审计的作用是由审计职能决定的。审计的作用就是实现审计职能以后的实际效果。审计工作的好坏，决定于审计作用的发挥程度，而审计作用的发挥则取决于审计职能的实现。为此，审计职能与审计作用有着密切的联系。审计的作用归纳起来大致有促进和制约两个方面。

1. 促进作用

促进作用又称建设性作用。实现审计监督职能的目的是促进，审计的促进作用是通过对被审查单位的会计记录、财务事项及经营管理活动的合法性、合规性、合理性的审核、检查、取证、分析和评价，可以公正地指出其合理方面，揭露其存在的问题和薄弱环节，评价其经济责任及经济效益，提出审计建议及改进措施，以促进被审查单位完善内部控制系统，改善经营管理，提高经济效益。

2. 制约作用

制约作用又称防护性作用，审计的制约作用主要是通过对被审查单位的审核检查和监督，对其会计记录、财务事项及经营管理活动进行检查和鉴证，对保障财经法规和财务制度的执行起制约和防护作用，揭露其弄虚作假、铺张浪费、违法乱纪等错误和弊端，并依法追究责任，从而起到纠正差错、防止弊端、提高被审查单位的会计工作质量、遵纪守法、维护财经纪律、保护国家和企业财产的作用。

（九）审计的任务

审计的任务是由审计职能决定的，也就是审计职能所要达到的目标。审计的基本任务是：

第一，监督审查被审计单位贯彻执行国家有关经济政策、法规、财经纪律、财会制度的情况，监督审查被审查单位内部控制系统是否健全、合理有效,能否发挥内部控制作用。若有不足之处,建议加以修改补充,以促进被审查单位的生产经营活动的真实性、合法性、合规性及有效性。

第二,监督审查被审查单位的会计核算资料及其所反映的经济活动的真实性、合法性和有效性,看其是否符合有关财会法规、制度的要求,若发现资料有虚假和错漏,要查清原因,予以揭露,要被审查单位纠正。

第三,监督审查国有财产物资和企业财产物资的安全性、完整性,并促使其保值增值;对被审查单位的贪污、舞弊、违法乱纪以及严重铺张浪费、弄虚作假的问题,要认真查清彻底,并依法追究责任,以保护国家和企业财产,维护社会主义法制。

二、审计的产生与发展

审计是随着社会经济发展的需要而产生,随着社会经济发展的需要而发展的。我国是世界上较早产生审计的国家之一,它经历了一个漫长的发展过程。

根据文献记载,我国早在2千多年以前的西周时期就有了"宰夫"的官职,专门审核和监督朝廷的财政收支,帝王的开支也要受其审查。年末、月末、旬末,宰夫要对各部门上报的财计报告进行稽核,如发现有违反规定事项,可以越级向帝王报告。这是我国政府审计的萌芽时期。以后的各个朝代也都设有类似宰夫的官职进行审核和监督国家财政收支,不过名称不同而已。

秦汉时期,国家法制比较健全,已经初步建立了具有审计性质的监察制度。当时中央设"三公"、"九卿"管理朝政事务,其中"三公"之一"公"为御史大夫,专门掌管全国民政、财政和财物,同时主管监察工作。这一时期还建立了"上计"制度,各地的财政收支都要上报御史大夫并受其审查。汉代皇帝更是亲自听取和审核各级地方官吏的年度财政收支情况,处理赏罚,部署下一个年度的工作。

隋朝时期，中央专权不断加强，审计制度亦随之逐步完善，当时中央下设比部曹，掌握皇帝诏书、律令和勾稽核查工作。唐代在六部中的刑部之下设有比部，专管国家财计的查核审理。到了宋朝，元丰改制，在太府寺下专门设立审计司，南宋时改设审计院。至此，"审计"正式成为财政监督的专门名词。

元、明、清各个朝代，审计无大发展，甚至还削弱了专门审计机构。如元初撤销了比部，由户部兼管财计报告的审核工作。明清时期也只是在户部下按行政区域设置清吏司，负责审查各省财政收支，后来又改由都察院审查中央财计。都察院还具有对君主进行规谏、对政务进行评价、对官吏进行纠察弹劾的职责，是当时最高监察、监督机构。但因其所掌管的面太广，比起唐、宋时期的专门审计机构所行使的审计监督职能，显得有些倒退，使我国审计的发展受到挫折。

辛亥革命以后，我国审计有了一些发展，但因当时政局不稳，经济发展缓慢，审计工作也进展不快。民国政府初期，在国务院下曾成立了审计处，后来改为审计院，同时还公布了《审计法》。审计院的主要职责是审核国家机关的财政收支，编制审计报告。与此同时，在中国共产党领导下的革命根据地也开展了审计工作，1932年，中央苏区人民政府财政部设立审计处，主要审核监督各部门的预算和财政收支。抗日战争时期，抗日革命根据地设有审计委员会，监督财政收支及预算和决算。

中华人民共和国成立以后，财政部门曾设置审计机构继续发挥监督作用。后来受"左"的思想干扰，将审计职能改由财政、银行部门分管，从而削弱了审计工作对经济的监督作用。中共十一届三中全会以后，党和国家把工作重点转移到经济建设上来，随着对内改革，对外开放的不断深入，商品经济的发展扩大了各方面的经济关系，也促进了我国审计工作的发展。

在政府审计方面，1982年第五届全国人民代表大会第五次会议通过的《中华人民共和国宪法》就把审计事业写入了国家根本大法。《宪法》第九十一条规定："国务院设立审计机关，对国务院各部门和地方各级政府的财政收支,对国家的财政金融机构和企业事业组织的财务收支,进行审计监督。""审计机关在国务院总理领导下,依照法律规定独立行使审计监督权,不受其他行政机关、社会团体和个人的干涉"。1989年7月又颁布施行了《中华人民共和国审计条例》,此后在1994年10月发布了《中华人民共和国审计法》,1997年国家审计署正式颁布施行了38个审计规定,2000年至2004年间,先后颁布施行中华人民共和国审计署令第1号~6号文件,2006年6月又修改执行新的《中华人民共和国审计法》。这一系列审计法规的施行,从法律上确定了政府审计的地位。

在内部审计方面,1985年8月,国务院制定《国务院关于审计工作的暂行规定》,对审计机关的职权、审计机构的设置以及内部审计制度等作了明确规定,此后又在同年10月公布了《审计署关于内部审计工作的若干规定》。1996年审计署发布了《审计机关指导监督内部审计业务的规定》,2003年5月又发布了《审计署关于内部审计工作的规定》,同年6月至2005年5月,中国内部审计协会先后制定并施行了《内部审计基本准则》和《内部审计具体准则》。在此期间,我国在部门、单位内部纷纷成立审计机构,实行内部审计监督,使内部审计也得到了发展。

在民间审计方面,1980年12月财政部颁布了《关于成立会计顾问处的暂行规定》后,我国重建和恢复了注册会计师制度,1986年7月国务院颁发了《中华人民共和国注册会计师条例》,1988年11月成立了中国注册会计师协会,1991年恢复全国注册会计师统一考试,1994年1月又实施了《中华人民共和国注册会计师法》,把社会审计也纳入了法制范围,注册会计师人数得到很大的发展,到1994年底,全国已拥有注册会计师25 000余人,会计事务所1 000余家。党中央、国务院十分重视会计师执业事业,提出到2000年,我国注册会计师要达到10万人的发展目标。1996年1月至2003年7月中国注册会计师协会制定并施行了34个职业规范项目,2007年1月1日起颁布施行了中国注册会计师鉴证业务基本准则及具体准则,使我国注册会计师审计进一步规范化。

以上这一系列的条例、法规,对审计机构的职能、职权、任务、程序、范围、制度等方面都作了明确的规定,从而全方位地确立了我国审计工作的地位。

从世界范围来看,审计也同样经历了一个漫长的发展过程。最早出现国家审计的是奴隶制下的古罗马。古希腊和古埃及时代,政府设有专门官吏掌握国家财物税赋的监督和检查工作。

进入资本主义历史阶段以后,随着经济的发展,国家审计也有了进一步发展。西方国家大都在议会下设置专门审计机构,对政府及国家企业、事业单位的财政收支进行审计监督。1921年美国成立了总审计局,为国会行使立法和监督权提供审计信息。1972年美国政府审计机构的审计总署发表了《政府机构、计划项目、活动和职责的审计准则》。此后,世界各国相继成立了国家审计机构。

产业革命以后,资本主义工商业的发展导致股份公司的崛起,生产资料所有权与经营管理权相分离,经营者必须向所有者承担经济责任,公司股东为了保护自身权益,就聘请熟悉会计的人员对公司的账目进行审核,从而逐渐产生了职业审计人员。1887年美国创立由职业审计人员参加的"美国会计师协会",后来发展为"美国注册会计师协会",社会审计由此而生。

近几十年来,科学技术的突飞猛进,推动了经济的快速发展,企业规模不断扩大,对经济管理的要求逐步提高,市场竞争日趋激烈,为适应企业内部管理的需要,现代审计由此而生。1968年在联合国经社理事会设立的"最高审计机关国际组织",是一个非政府间的世界性组织。现有100多个成员国,我国审计机构也参加了这一组织。现代审计把过去单纯外部审计的传统方式,逐步转变为外部审计与内部审计相结合的方式;把单纯审查会计记录和财务收支逐步扩展到生产经营管理活动和经济效益、经营业绩等方面的审查。随着计算机技术的进步和电算化信息系统的发展,电算化审计也应运而生并且有了发展,现代审计从此进入了新的发展时期。

三、会计与审计的联系和区别

会计与审计有着紧密的联系,因为它们的工作对象都是企业等单位的会计资料及其所反映的经济活动,都是对企业等单位的财政收支、财务收支活动进行监督,从而改进单位工作,改善经营管理,提高经济效益。

但是由于会计与审计的工作性质不同,两者也有着重要的区别。主要反映在以下几方面。

(一) 对象不同

会计的对象是以价值形式对经济活动过程进行全面、综合、系统的核算监督,而审计不但要反映和审查经济活动过程,还要审查会计资料所不包括的其他统计、财务等资料以及实际经济活动。

(二) 目的不同

会计只参与经济活动管理,而审计则是审查经济活动评价经济责任。

(三) 任务不同

会计是向使用者提供会计信息;而审计则是对会计信息的合法性、合理性、公允性进行监督审查。

(四) 职能不同

会计是以核算和监督为基本职能;而审计则是以监督、评价和鉴证为基本职能。

(五) 责任不同

会计的责任是保证会计资料的真实、合法、完整负责;而审计则是对会计报告及相关资料发表审计意见,对出具的审计报告的真实性和合法性负责。

因此,审计工作既要与会计工作紧密结合,但又不能以会计查账来代替审计查账,也不能把会计责任和审计责任相互进行替代。

第二节 审计的分类

根据审计的目的和审计准则分类的要求,审计可以从不同的角度,进行科学的分类,有助于审计工作的开展和更好地发挥审计工作的作用。目前,我国的审计工作大致分成基本分类和其他分类两大类。

一、审计的基本分类

(一)按审计主体分类

按审计的主体分类即按审计的执行者分类,可分为国家审计、内部审计和社会审计三种类型。

1. 国家审计

国家审计又称政府审计。它是指国家审计机关所执行的法定审计。

我国国家审计根据具有强制性、权威性和无偿性的特点,按宪法规定国家审计的组织机构由国务院所设立的审计署,县级以上的地方各级人民政府所设立的审计局和审计机关派出机构所组成。国务院所属的审计署是国家最高审计机关,具有组织领导全国审计工作和直接进行审计的双重任务。县以上各级政府所属的审计机构同样也具有组织领导各级政府区域内的审计工作及其审计范围内的审计工作。按有关规定,审计机关不仅对本级政府负责并报告工作,而且也对上一级审计机关负责并报告工作。国家审计署对有关省市及重点地区和部门设立了审计特派员及其办事处,主要负责中央企事业单位的审计业务。国家审计机关按照《审计法》规定具有监督检查权、行政处理权、经济处理权和提请司法处理权等方面的职权。

2. 内部审计

内部审计又称部门审计。它是指本部门和本单位内部专职的审计机构和审计人员,按照《审计法》的规定,对本部门和本单位进行的审计。

内部审计具有双重性质:对国家审计来说,属于内部审计;对其下属单位来说,它的审计监督又具有外部审计的性质。内部审计机构和审计工作人员在行政上接受本单位的领导,在审计业务上要接受同级国家审计机关的指导,上级单位的内部审计机构和审计人员还负有帮助、指导下属单位从事内部审计的责任。

客观公正地开展内部审计工作,必须做到机构和人员设置具有相对的独立性。其审计内容以经济效益审计为重点,同时承担相应的财务审计工作。

3. 社会审计

社会审计又称民间审计或注册会计师审计。它是指经有关部门审核批准,已经登记注册并具有独立地位的会计师事务所、审计事务所接受委托而进行的审计。其特点是受托审计。审计的内容和目的决定于委托人。社会审计同时亦可承办涉外审计业务。为中资和外资经营的企事业单位办理审计查证、验资、年检、经济案件鉴定、单位解散清理、可行性方案的研究、管理咨询服务等业务。国外称社会审计为独立会计师审计。

社会审计具有独立性、有偿性和客观公正性的特点。在开展社会审计工作中必须坚持依法审计、客观公正、诚实信用、保守秘密并实行有偿服务、自负盈亏、独立核算、依法纳税的原则。同时,社会审计组织还应自觉接受国家审计机关和财务管理部门的管理和指导。

综上所述,国家审计、内部审计和社会审计是属于不同类型的三种审计。它们各有自己的特点和特长。目前,我国已形成了国家审计、内部审计和社会审计相辅相成的国家审计体系。国家审计机关不仅代表国家依法独立行使审计监督权,而且领导组织全国的审计工作。内部审计和社会审计组织在审计业务上应当接受国家审计机关的指导和管理。

按审计主体与被审单位的关系分类,可分为外部审计和内部审计。

外部审计是由被审单位以外的独立专门机构执行的审计。国家审计和社会审计均属于外部审计。外部审计在组织上和行使职权上都具有独立性,其审计报告具有法律效力,在社会上具有公正性作用。内部审计是由部门或单位内的专门机构或专业人员执行的审计。内部审计机构和人员的独立性不及外部审计,审计报告对外也不起公证作用,主要供内部管理部门使用。内部审计机构和人员虽属于本部门或本单位,但一般直接向单位最高管理层负责,与被审计对象保持相对独立的关系。

(二) 按审计内容和目的分类

审计按其内容和目的分类可划分为财政财务审计、经济效益审计、财经法纪审计和经济责任审计等类型。

1. 财政财务审计

财政财务审计又称传统审计。它是指审计机构和人员对被审计单位的会计资料的正确性和真实性及其所反映的财政收支、财务收支的合法性和合规性进行的审计。

财政财务审计包括对政府部门财政收支的审计;对企、事业单位及国有金融机构财务收支的审计;对股份制企业、外商投资企业及其他企业财务报表的审计以及厂长、经理离任审计等。

财政财务审计亦可以细分为财政审计和财务审计。它们并无本质上的区别,属于同一种类型的审计。财政审计以各级政府的财政收支为审计对象,财务审计则以企、事业单位的财务活动为审计对象。从审计主体上看,财政审计的主体是国家审计机关,财务审计的主体既可以是国家审计机关,也可以是内部审计组织,还可以是社会审计机构。

财政财务审计主要审查和评价被审单位的财政、财务收支活动是否符合财经法规,有无违反财经纪律的行为;检查和鉴证会计资料及其信息是否符合会计准则;是否真实、客观、公正地反映了被审单位的财务状况和经营成果。通过审计达到保护资产、维护财经法纪、促进被审计单位加强管理、不断提高经济效益的目的。

2. 经济效益审计

经济效益审计是指审计机构对被审计单位的财政、财务收支及经营管理活动的经济性、合理性和有效性进行的审计。

经济效益审计是现代审计发展的方向,正逐步成为我国审计监督的重要组成部分。在审计方法上除需要采用财务审计的各种方法外,还要运用现代管理方法和比较复杂的数学分析方法对企业的投入和产出及其对比结果和影响因素进行检查、取证、分析和评价,寻找生产经营活动中的薄弱环节和影响效益提高的因素,揭示提高经济效益的潜力和途径,提出建议和改进措施,以达到审计的目的。

3. 财经法纪审计

财经法纪审计一般属于专案审计。它是指审计机构对被审计单位和个人严重侵占国家资财、严重损害国家经济利益,违反财经纪律行为所进行的专案审计。

财经法纪审计的内容与财务审计的内容有相同之处,所以,财经法纪审计与财务审计属于同一类型的审计。但二者的任务则有所不同。财经法纪审计的主要任务包括:审查在财务审计中发现的侵占国家资财,严重损失浪费以及其他重大违反财经法纪的问题;审查群众所举报的重大违反财经法纪的问题;审查上级机关交办的经济案件等问题。在审计中对有严重违反财经纪律的行为可设立专案进行审查。对违反财经法纪、贪污受贿、侵占国家资财等违法行为,彻底查清案情,追究当事人的经济责任,情节严重的可移交司法机关追究刑事责任。

4. 经济责任审计

经济责任审计是在我国审计实践中创立的一种新的审计种类。它是指审计机构和审计人员对企事业单位的法人代表或经营承包人在任期内的经济责任和履行情况所进行的审计。

经济责任审计与财政财务审计和经济效益审计既有区别,又有联系。经济责任审计一方面是对企事业单位的法人代表任职期满离任时,由审计机关所进行的一种离任审计;另一方面是针对企业实行经营承包后承包人所出现的"短期行为",由审计机关所进行的一种经营承包审计。通过经济责任审计考核企、事业单位的法人代表和经营承包人在任期内所负的经济责任,所反映的经营成果和经济效益是否真实,各项资财是否完整。

二、审计的其他分类

审计按照其他不同分类标准又可分为诸多不同类型的审计。

(一)按审计实施时期分类

1. 事前审计

顾名思义,事前审计指在被审计单位经济业务发生之前所进行的审计。

事前审计的优点是事前明确责任,防止经济工作中错误、失算及违法行为的发生,做到防患于未然。事前审计的内容主要是对被审计单位的经营决策、投资方案、计划预算、承包合同和其他经济合同的签订等经济活动的妥善性、可行性和安全性进行审计。

2. 事中审计

事中审计是指在被审计单位经济业务进行过程中所进行的审计。

事中审计的优点是可以随时了解并掌握被审计单位经济业务的进展情况或经济责任的履行情况,及时发现问题,及时纠正错误,制止营私舞弊,防止和减少损失。事中审计主要是对基建项目、承包经营、材料消耗定额等执行情况进行审计。目前对事中审计有两种看法:一种观点认为,按单位经济业务发生时间划分,仅有事前审计和事后审计之分,不应再划分事中审计一项;另一种观点认为,对投资额大、投资期长的项目,为预防和减少损失浪费,可以进行事中审计。据此,单位、部门的内部审计也可随时对本单位的经济活动进行事中审计。

3. 事后审计

事后审计是指在被审计单位经济业务结束后所进行的审计。

当前国家审计机关大部分审计项目都属于事后审计。审计的内容是已经发生的经济业务,如对财政财务审计及经济责任审计中的离任审计,财经法纪审计和一部分经济效益审计等。通过事后审计,检查已发生的财务收支是否真实、正确、合法,有无违反财经法纪和国家法令的行为。

(二) 按审计执行地点分类

1. 就地审计

就地审计是指审计机构委派人员到被审单位所在地所进行的审计。它是审计工作中经常使用的一种重要的审计方式。

就地审计按其具体方式可分为专程审计、常驻审计和巡回审计三种类型。专程审计是指审计部门委派审计人员专程到被审单位所进行的审计。常驻审计是指审计部门委派审计人员常驻在被审单位所进行的审计。巡回审计是指审计部门委派审计人员到所属受审单位所进行的审计。就地审计可以深入实际调查研究,发现问题可以及时向有关人员询问,易于全面了解和掌握情况,减少资料的往返传送,不仅可以节省审计时间,而且可以提高审计效率。

2. 送达审计

送达审计又称报送审计。它是指审计机关按照审计法规的规定,对被审计单位按期报送来的经济资料所进行的审计。

送达审计一般适用于经济业务量较少、凭证资料不太多的被审计单位,如有些行政事业单位就采用了这种审计方式。送达审计的优点主要是审计效率较高,便于对被审单位进行横向比较。

3. 委托审计

委托审计是指国家审计机关委托社会审计组织、部门或单位内部审计机构,代表审计机关对被审计单位所进行的审计,以及国家行政机关、企事业单位和个人委托社会审计组织所进行的审计。委托审计结束后,受委托的审计组织和人员应向委托者和有关方面提交审计报告。委托审计由于受委托者的要求所制约,所以,审计的范围和监督职能也会受到某些限制。

（三）按审计范围分类

1. 全部审计

全部审计又称全面审计。它是指以被审单位在一定时期内的全部经济活动为审计对象进行全面、详细的审计。

实行全部审计，审查较为详细彻底，由于所需审计人员多，工作量大，审计时间长，所以一般适合于单位管理比较混乱，内部规章制度不健全或单位体制发生变化的行政、企事业单位。

2. 局部审计

局部审计又称部分审计。它是指以被审计单位一定期间的财政收支、财务收支的部分经济活动为对象，对其部分工作部门、经营活动及相应的经济资料所进行的审计。

局部审计是针对被审计单位存在的薄弱环节进行的重点审计，其所需审计人员较少，时间较短，见效较快，在审计实际工作中这类审计开展得也较多。

3. 专项审计

专项审计又称专题审计，也称特种审计。它是指对某一特定项目所进行的审计。

专项审计顾名思义就是对某一个专项、某一个特定的专题项目如专项资金所进行的审计和鉴定活动，对与此专项（专题）无关的经济业务一般不进行审计。如，对某一单位的小金库进行审计，与小金库无关的其他经济活动就不予审计；再如，对某单位某一件贪污舞弊行为进行审计，与其无关的其他经济业务也不予审计等等。

（四）按审计动机分类

1. 强制审计

强制审计是指审计机关根据法律规定，无论被审计单位是否愿意接受其行使审计监督权而进行的审计。

例如，国家审计机关对行政、企事业单位和国有金融机构所进行的财政财务审计以及对上市公司所进行的年度财务报表审计都属于强制审计。

2. 任意审计

任意审计又称请求审计。它是指被审单位根据自身需要,请求审计部门对本单位所进行的审计。一般社会审计接受委托人委托,按委托人要求所进行的审计或内部审计机关执行的经济效益审计就属于任意审计。

图表1-1

审计种类图示

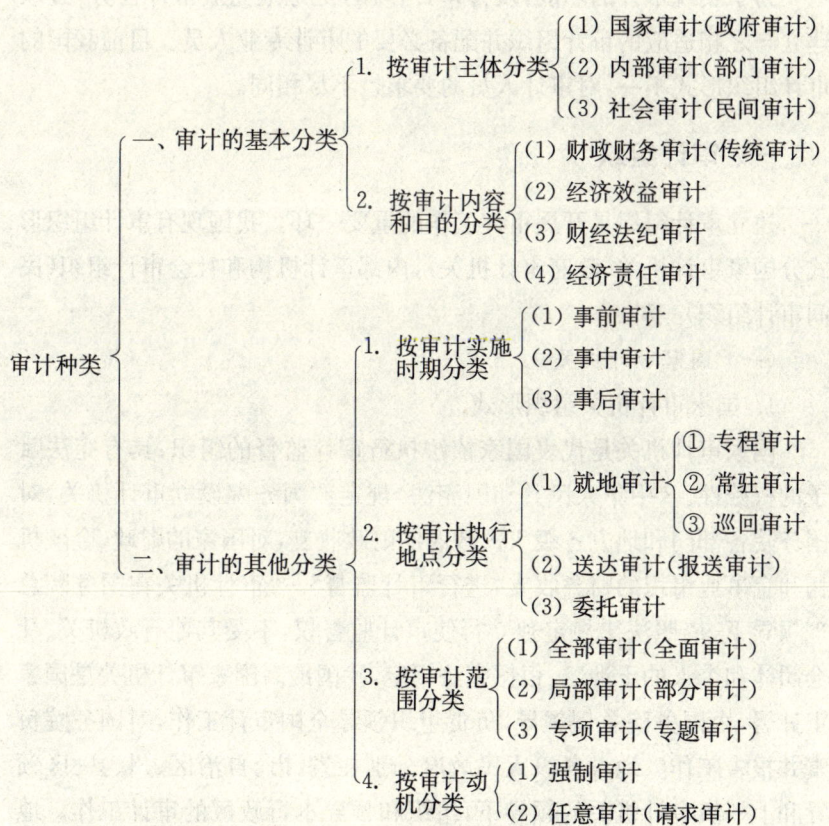

根据不同的分类标准,审计还可以有很多不同的分类方法。例如,全部审计和局部审计如果按被审计单位的审计项目划分,又可分为综合审计和专题审计;按实行审计是否定期划分,又可分为定期审计和不定期审计;按照审计是否有计划划分,又可分为正常审计和临时审计;按照审计是否通知被审计单位划分,又可分为预告审计和突击审计等等。

现将审计的分类列于图表1-1中。

第三节　审计组织和审计人员

为了实现审计的职能,发挥审计作用,更好地完成审计任务,必须建立与之相适应的审计组织并配备必要的审计专业人员。目前我国的审计组织形式不一,对审计人员的要求也不尽相同。

一、审计组织

建立审计组织是开展审计工作的重要一环。我国现有审计组织形式分国家审计机关(政府审计机关),内部审计机构和社会审计组织(民间审计组织)三种。

(一) 国家审计机关

1. 国家审计机关组织形式

国家审计机关是代表国家依法执行审计监督的组织,具有宪法赋予的权威性。《中华人民共和国宪法》规定:"国务院设立审计机关,对国务院各部门和地方各级人民政府的财政收支,对国家的财政、金融机构和企事业组织的财务收支,进行审计监督"。"审计机关在国务院总理领导下,依照法律规定独立行使审计监督权,不受其他行政机关、社会团体和个人的干涉"。根据宪法规定,我国最高国家审计机关是国家审计署,由国务院总理领导,负责组织领导全国审计工作,对国务院负责并报告工作。地方各级人民政府分别在省、市、自治区、州、县、区领导和上一级审计机关的领导下,组织和领导本行政区的审计工作。地方审计机关在行政上受本级人民政府领导并报告工作,业务上受上一级审计机关领导并报告工作。

2. 国家审计机关职责

按照《中华人民共和国审计法》规定,国家审计机关的主要职责是:

(1) 对本级人民政府各部门和下级人民政府的财政预算和决算情况以及预算外资金进行审计监督。

(2) 对国家金融机构的财政收支或资产、负债、损益和信贷计划执行及其结果进行财务监督。

(3) 对国有企业的资产、负债、损益进行审计监督。

(4) 对国家事业单位的财务收支进行审计监督。

(5) 对国家基本建设、更新改造项目的财政计划执行和决算以及国际组织和外国政府援助、贷款项目的财务收支进行审计监督。

(6) 对国家财政拨款或补贴的国有企业的国家资金管理情况进行审计监督。

(7) 对受政府委托管理的社会保障金、社会捐赠及其他有关资金的社会团体进行审计监督。

(8) 国家法律、法规规定的审计事项,其他依法应当进行审计的其他单位和审计事项进行审计监督等。

(二) 内部审计机构

《中华人民共和国审计法》规定,"国务院各部门和地方人民政府各部门、国有金融机构和企业、事业组织,应当按照国家有关规定建立健全内部审计制度"。

内部审计是指部门或单位内部的审计机构和审计人员对本部门或本单位的财政收支、财务收支、经济活动及其经济效果进行审查和评价,以查明其真实性、合法性、效益性的一种专职经济监督活动,是我国审计体系的基础。

1. 内部审计机构形式

我国内部审计机构分部门内部审计和单位内部审计两部分。

(1) 部门内部审计机构由国务院和各级人民政府所属各部门根据审计监督需要分别设置内部审计机构,在本部门主要负责人领导下,负责本部门及所属单位的财务收支及经济效益审计,并向本部门报告工作。审计业务受同级国家审计机关指导并报告工作。

(2) 单位内部审计机构的设置,要根据企业、事业单位的组织体制、规模大小和所承担的任务而定。一般来说,各级主管部门、大中型企业和财务收支金额较大的事业单位,均应设置内部审计机构;其余单位应配备专职或兼职审计人员,在本单位主要负责人领导下,负责本单位财务收支和经济效益审计。审计业务受上一级主管部门的审计机构指导,并向本单位及上一级主管部门的审计机构报告工作。目前以企业为例,其内部审计机构有以下三种形式:

① 设立审计委员会。在大型企业或董事会建制的企业设置审计委员会,一般由总经理、董事长或其他委托人担任审计委员会主任委员,委员由企业中层以上的有关干部和专门技术人员参加,负责对企业重大经营决策和经济活动事项进行事前审定。审计委员会下设办事机构,处理日常审计事务。

② 单独设立审计处、科、部、组。在企业经理领导下单独设立审计部门负责企业内部审计工作,审计部门对经理负责并定期报告工作。

③ 设立审计岗位。在企业中设立审计岗位,规定岗位职责,负责内部审计工作,独立行使审计监督职权,对企业领导负责并报告工作。

2. 内部审计机构职责

内部审计机构的主要职责是审计监督本部门、本单位下列事项:

(1) 财务计划或预算的执行和决算情况。

(2) 与财务计划有关的经济活动及其经济效果。

(3) 资产管理情况。

(4) 违反国家财经政策法规的行为。

(5) 承包、租赁经营的有关审计事项。

(6) 所在单位、部门领导人交办的和审计机关委托的其他审计事项。

(三) 社会审计组织

社会审计(民间审计)组织是按照《中华人民共和国注册会计师条例》和《中华人民共和国审计条例》的规定,经国家有关部门批准,并向工商行政管理部门注册登记的会计师事务所。它们接受国家机关、企业、事业单位和个人的委托办理审计业务。

1. 会计师事务所

社会审计组织是由注册会计师组成,依法独立承办注册会计师业务的单位,实行独立核算,依法纳税。在我国它是注册会计师的工作机构。注册会计师个人不能承办审计业务,必须加入会计师事务所才能执业。

按照《中华人民共和国注册会计师法》规定,会计师事务所有限责任会计师事务所和合伙会计师事务所两种形式。有限责任会计师事务所是由注册会计师发起,出资设立,按照《有限责任会计师事务所审批办法》规定,在以有限责任方式设立情况下,具有法人资格,事务所以其全部资产对其负债承担责任,事务所的出资人承担责任以其出资额为限,负有限责任;合伙会计师事务所是由注册会计师合伙设立,按《合伙会计师事务所设立及审批试行办法》规定,合伙设立的会计师事务所债务由合伙人按出资比例或者协议的约定,以各自的财产承担无限责任合伙人对会计事务所的债务连带责任。

2. 中国会计师协会

在我国管理会计师事务所的机构是中国注册会计师协会。中国注册会计师协会是在1995年6月19日由原中国注册会计师协会和中国审计师协会联合组成,依法对全部注册会计师行业实行管理,依法接受财政部的监督、指导,依法行使职责。其主要职责是:

(1) 负责办理注册会计师的注册和事务所的设立有关事宜,并监督、管理其执行情况。

(2) 审批和管理中国注册会计师协会会员。

（3）拟订注册会计执业准则和规则,并检查、监督其执行情况。

（4）组织推动全国注册会计师培训工作。

（5）组织实施注册会计师全国统一考试。

（6）依法办理审批、监督,管理境外会计师事务所和人员在中国境内开展业务有关事业。

（7）组织业务交流、理论研究,协调行业内外部关系,维护会员合法权益。

（8）开展国际交往活动。

（9）指导各省、自治区、直辖市注册会计师协会工作。

（10）办理国家法律、行政法规规定和国家机关委托或授权的其他有关工作等。

3. 注册会计师承接业务范围

根据《中华人民共和国注册会计师法》规定,注册会计师承接的业务范围主要是审计业务及会计咨询和会计服务业务。

审计业务是注册会计师接受委托,对企业和其他经济组织或个人的财务会计报告或其他特定事项所进行的审计,主要包括:

（1）审查财务会计报告及其所反映的财务收支及相关经济活动的真实性、合法性,并出具审计报告。

（2）对企业设立时实收资本及其相关资产、负债的真实性、合法性进行审验,并出具验资报告。

（3）办理企业合并、分立、清算事宜中的审计业务,并出具有关报告。

（4）办理法律、行政法规规定的其他特定事项的审计业务(如经济纠纷、经济案件的证据鉴证等)并出具审计报告。

会计咨询和会计服务业务,主要包括:

（1）设计财务会计制度,担任会计顾问,提供会计、财务、税务和经济管理咨询,培训会计人员。

（2）代理记账,代理纳税申报,代办申请注册登记。

(3) 协助拟定合同、协议、章程及其他经济文件,参与进行可行性研究。

(4) 资产评估。

(5) 其他会计咨询和会计服务事项。

二、审计人员

审计人员是指在审计机构执行审计业务的专职人员。审计工作是一项政策性较强的工作,要求审计人员必须具有知识渊博、经验丰富、品德端正、工作能力较强的政治修养和业务素质。在我国审计组织体系中国家审计机关、内部审计机构和社会审计组织三种类型,对国家审计人员、内部审计人员和社会审计人员的要求虽不尽相同,但其应具备的基本条件却是一致的。

(一) 要有坚强的法制观念

审计工作是一项极为严肃的执法工作,审计人员必须具有较高的政治素质和法制观念,根据审计法规有关规定,依法进行审计,承担法律责任,对自己负责的审计项目负责,对被审查单位或委托单位负责,严守机密,不得滥用职权、营私舞弊、玩忽职守、弄虚作假,违反者应给予行政处分,构成犯罪者,依法追究刑事责任。

(二) 要有明确的职业道德观念

审计人员应具有高尚的职业道德品质,树立正确的业务指导思想和敬业奉献精神。职业道德的基本要求是审计人员在执行审计业务时要坚持独立、客观、公正、廉洁的原则。

独立原则是指在审计过程中,从实质上、形式上独立于被审计的对象。实质上独立是要求国家审计人员和内部审计人员不受被审计单位或部门领导人的思想影响,独立地分析和判断问题;要求社会审计人员与委托单位之间必须是实实在在毫无利害关系,客观、公正地发表意见。形式上独立是要求社会审计人员在外界人士面前呈现一种独立于委托单位的身份,国家审计人员和内部审计人员虽不强调形式上独立,但应着重在实质上独立。

客观原则是指审计人员对有关事项的调查、判断,应站在客观的立场上,以客观事实为依据,实事求是、不为他人所左右、不掺杂个人主观意见,敢于坚持原则,坚持真理,一切从实际出发发表审计意见。

公正原则是指审计人员应有公平、正直、不偏不倚、诚实的品质,不伤害、不偏护任何一方,维持各方面应有的权益。

(三)要有较高的业务能力和专业知识

审计工作是一项涉及面很广的工作,涉及财政、财务、会计、金融、生产、经营、管理等各个方面。业务能力的强弱,专业知识水平的高低,对审计工作有很大影响。审计人员必须具有审计专业的学历和经历及较高的会计、审计专业知识,熟悉审计有关法律、法规、技术守则,掌握一定电脑操作技术和写作、社交等能力以及丰富的专业经验和社会经验,善于发现问题和分析、判断、评价问题并能充分表达意见。不断接受后续教育,提高专业知识水平。

复习思考题

1. 什么是审计?我国审计是如何产生和发展的?
2. 审计的主体和对象是什么?
3. 审计的基本职能是什么?有什么特点?
4. 审计有哪些作用?其主要任务是什么?
5. 试述审计的基本分类及其内容。
6. 我国的审计组织是如何设置的?
7. 我国审计人员应具备哪些基本条件?

第二章

审计准则

学习目标 审计准则是审计理论的组成部分,本章主要从审计准则的涵义、作用和结构内容等方面阐述有关审计准则的基础知识,通过学习,要求了解审计准则的定义和作用,理解审计准则结构体系及其内容,掌握审计准则的主要原则和规定,为规范实施审计工作提供法定要求和指导意见。

第一节 审计准则的定义与作用

一、什么是审计准则

审计准则又称审计标准,对于审计准则的定义,在审计学界的说法很多,理解不一,综合国内外对审计准则定义的一些代表性说法,其定义可以从以下几个方面来理解:

第一,审计准则是为适应审计需要而产生和发展的,是社会经济发展和审计职业发展的必然产物,是审计实践经验的总结。

第二,审计准则是对审计主体的要求,它规定了审计人员应有的素质和专业资格。

第三,审计准则是规范和指导审计人员的审计行为。

第四,审计准则是对审计工作质量充分性的总的衡量,是评价审计工作质量的依据。

综合以上各点,审计准则的涵义可以归纳为:

审计准则是审计理论与审计实践的结合;是审计人员进行审计工作应有的素质要求及必须遵守的行为规范;是衡量和评价审计工作质量的标准和依据。

二、审计准则的作用

审计准则的作用,可以归纳为以下几点。

(一)规范和指导审计工作

审计准则对审计人员的专业资格及其所进行的工作过程及结果都作了规定。各国审计准则一般都对审计人员的任职条件、工作态度、审计工作的基本程序和方法以及审计报告的要求作了规定,使审计人员能按规范的审计程序和方法进行操作,从而获得社会公众的信任。

(二)维护、保障审计组织和审计人员的正当权益

审计准则规定了审计人员的工作范围,审计人员的责任只是按审计准则的要求进行审计工作,就是尽到了责任。一旦审计委托人与审计人员因审计意见不一致而发生纠纷,使审计人员受到不公正指责时,审计准则就成为明辨是非,划清责任的重要依据。

(三)评价和提高审计工作质量

审计工作能否取信于社会,关键在于审计工作质量。审计工作质量的高低对于维护被审查单位和社会的利益以及提高审计职业的社会地位都有直接联系。审计工作质量的高低,除了受审计人员的素质和经验制约以外,还要看在审计过程中是否遵循了科学的审计程序和审计方法。在审计准则中,对审计人员的任职条件以及审计程序、审计方法作了规定。审计人员在审计报告中明确写着"审计程序和审计方法是根据审计准则要求进行的",就是向委托单位表明审计工作已达到了审计准则所规定的质量要求。可见,审计准则是衡量审计质量的准绳,也是促使审计人员加强责任心,努力提高审计工作质量的推动力。

(四)促进我国改革开放和国际审计交流

审计准则是审计工作实践的总结和提高,是审计理论的重要组成部分,是衡量各国审计事业发展水平的标志之一。目前,我国正处于改革开放,改善投资环境时期,需要制定一套既适合中国国情,又能与国际接轨的审计准则,因此审计准则的实施和发展,有助于开展国际审计经验的交流和加速审计事业的进展。

第二节 审计准则的内容

我国审计组织体系是由国家审计、内部审计和社会审计组成。审计准则的内容按其适用的对象性质划分,可以分为国家审计准则、社会审计准则和内部审计准则。由于审计准则不同其内容也有所不同。

一、国家审计准则

国家审计准则又称政府审计准则,是政治制度下的产物,产生较早。世界上最早出现的政府审计准则是 1972 年美国总审计署颁布的,用于政府审计人员对政府及其各部门的各项预算执行情况、计划项目完成情况的审计。以后很多国家也纷纷制定了政府审计准则。以美国总审计署所颁布的《国家审计准则》为例,其主要内容分为一般准则、审查准则、评价准则和报告准则四个部分。

在一般准则中,对审计人员的独立性、专业能力、职业道德规范、职业谨慎态度、保密责任等内容与独立审计准则基本相同外,还特别强调了对来自外来干扰或限制的处理要求及排除干扰的意见。

在审查准则、评价准则以及报告准则中,特别强调制定审计计划要考虑各级政府的要求,强调要审查有关法律、法规和规章制度的执行情况。在报告准则中还增加了审计报告应在法律、法规和其他有关方面规定的日期前公布,并分送有关官员及复制副本供有关人员查阅等内容。我国政府审计准则的制定起步较晚。1983 年审计署的成立,1988年《中华人民共和国审计条例》的颁布,1995年《中华人民共和国审计法》的实施,都标志着我国政府审计法规的规范制度工作已逐步启动,对于规范我国审计工作起了重要作用。但因其内容与审计准则要求不同,为了进一步提高审计工作,根据我国国情,吸收国外经验,国家审计署于2000年正式颁布施行了《中华人民共和国审计基本准则》,其主要内容有国家审计基本准则包括通用审计准则和专业审计准则、审计指南三部分。其中国家审计基本准则是总纲,通过审计准则和专业审计准则及审计指南是以总纲为依据的具体准则。

国家基本准则的主要内容有：

(1) 规定审计机关应依法审计,依照法定的职责权限和程序独立行使审计监督权。

(2) 规定审计人员应有较高的政治素质及必要的专业知识和业务能力,在实施审计工作中应客观、公正、实事求是,保持应有的独立性和职业谨慎性,要求做到廉政、回避和保守秘密。

(3) 规定具体作业准则、报告准则以及审计报告处理准则等等。

二、内部审计准则

20世纪初,由于企业规模扩大,企业内部管理日益深化,为适应企业内部分级管理的需要,产生了内部审计。在企业内部建立审计机构,配备专职审计人员,根据国家财经法规和企业自身形成的规章制度,独立地对本单位内部各部门和下属单位经济活动的真实性、合法性、合理性和效益性进行审查,以评价、监督企业与国家、企业内部之间、企业同其他经济组织之间应履行的责任。由于内部审计的特殊性,决定了它与政府审计、独立审计有很多的不同点和侧重点,因此需要有内部审计准则来指导、评价其工作。1974年,美国内部审计师协会成立了专门组织负责制定内部审计准则,并于1978年正式颁布了《内部审计专业实务准则》,此后其他国家也先后制定了一些内部审计准则。

1978年,国际内部审计师协会正式公布的《内部审计专业实务准则》是内部审计人员的工作指南。其内容包括:内部审计机构的独立性和审计人员的客观性;内部审计人员的素质;内部审计工作的范围;内部审计的执行以及内部审计机构的自身管理等四个方面。

(1) 从内部审计组织上确立内部审计部门所进行的审计工作。提出了内部审计活动的独立性以及审计人员的客观性的要求,以保证审计人员履行其职责。

(2) 从提高内部审计人员素质的角度提出内部审计人员必须具备的专业能力及应有的谨慎态度。

(3) 为提高内部审计工作质量及有利于审计工作的执行,规定了内部审计工作的范围和重点,包括审计计划、审计检查、审计评价和审计结果等方面的内容。

(4) 要求内部审计部门加强自身管理,做好内部审计工作。

三、社会审计准则内容

社会审计准则是对民间审计人员执行审计业务所作的规定,是注册会计师(注册审计师)执行独立审计业务的规范指南。它产生在政府审计准则以后,是市场经济的产物。由于独立审计是受托性质,是由委托单位委托审计人员对被审计单位进行的审计,因此独立审计准则一般由国家的权威职业会计师(审计师)团体颁发,主要用于注册会计师(审计师)对财务会计报表等资料进行审计。独立审计准则的产生对政府审计准则及内部审计准则也有很大影响。独立审计准则发布较早的是美国注册会计师协会的《一般公认审计准则》,至今已发布了70多个具体审计准则。我国制定独立审计准则是近几年才开始的。1994年,中国会计师协会开始组织起草《中国注册会计师独立审计准则》于1996年颁布并经财政部批准实施。

《中国注册会计师独立审计准则》包括独立审计基本准则、独立审计具体准则和实务公告及执业规范指南三部分。独立审计基本准则是独立审计准则的总纲,是制定审计具体准则和实务公告及执业规范指南的依据;独立具体准则和实务公告是注册会计师执行审计业务、出具审计报告的具体规范;执业规范指南是注册会计师执行独立审计具体准则和实务公告的指导意见。独立审计基本准则、独立审计具体准则和实务公告具有法定性,必须执行。执业规范指南不具有强制性。现将独立审计基本准则和具体准则的内容简要说明如下所述。

(一) 独立审计基本准则

独立审计基本准则内容包括:一般准则、外勤准则和报告准则三部分。

1. 一般准则

其主要内容是明确什么人可以担负独立审计的职责。包括:独立审计目的、注册会计师专业胜任能力、注册会计师应遵守的职业道德规范、注册会计师的保密责任、审计责任以及审计意见的作用等。分述如下:

(1) 独立审计目的——是注册会计师通过审计所要达到的目标和要求,即对被审计单位的会计报表及相关资料的合法性、公允性及会计处理方法的一贯性发表一个独立、客观、公正的审计意见。

(2) 注册会计师的专业胜任能力——注册会计师应具备专门学识、实践经验、专业训练和业务能力。专门学识是指注册会计师必须具备的会计、审计及其他有关专门知识;实践经验是指注册会计师从事审计工作的实际经验;专业训练是指注册会计师的续后教育,不断学习、锻炼、实践,以提高专业水平;业务能力是指注册会计师对审计情况的分析、判断和表达能力。

(3) 注册会计师应遵守的职业道德规范——注册会计师在执业时应遵守的独立、客观、公正行为规范和应有的谨慎态度。所谓独立、客观、公正,即遵循独立原则,通过客观地观察和思考,公正地对问题作出评价和发表意见;所谓应有的谨慎态度是指注册会计师进行审计工作时应保持一丝不苟的慎重态度。

第二章 审计准则

(4) 注册会计师的保密责任——注册会计师在审计过程中所掌握的被审计单位的商业秘密应负责保密,不能向第三方公开和泄露,并不得利用其为自己或他人谋利益,以防止给被审计单位造成经济损失。

(5) 审计责任——注册会计师对执行审计业务,出具审计报告所应负的责任。即注册会计师应对审计报告的真实性、合法性负责。审计责任与会计责任不同,会计责任是指被审计单位对所编制的会计报表等资料的真实性、完整性、合法性负责。两者不能相互替代,也不能混淆。

审计意见——注册会计师应对会计报表的合法性、公允性和会计处理方法的一贯性做出鉴证,作为委托单位、使用单位据以决策的直接依据。没有注册会计师的鉴证,会计报表的可信性和使用价值的程度就要降低。

2. 外勤准则

外勤准则又称审计实务准则。其内容主要是明确注册会计师进行审计业务的要求。包括:

(1) 注册会计师接受审计时,与委托人共同签订业务约定书,以明确委托目的、审计范围及双方应负的责任等事项。

(2) 注册会计师按照审计计划执行审计业务,以达到预期的审计目的。

(3) 注册会计师研究和评价被审计单位的相关内部控制制度,以确定其可信赖程度,并根据需要对审计过程中所发现的被审计单位内部控制制度或经营管理的重大问题,以书面形式向被审计单位提出改进建议,出具管理建议书。

(4) 注册会计师一般应采用抽样审计方法进行符合性测试和实质性测试。

(5) 注册会计师采用检查、监督、观察、查询、函证、计算、分析性复核等恰当的方法,认真收集和取得各种充分、适当的审计证据。

(6) 注册会计师执行审计业务时,应根据审计工作记录或取得的资料编制审计工作底稿。

(7) 注册会计师可根据需要配备相应审计业务的助理人员和其他专业人员,并对其工作结果负责。

(8) 注册会计师对被审计单位的期后事项,或有损失及持续经营能力等重大事项,应予以关注并在审计报告中进行适当披露。

(9) 注册会计师在不改变审计的总体目标和范围的前提下,利用计算机辅助审计技术以改进审计程序的效果和效率。

(10) 注册会计师审计过程中应充分考虑重要性与审计风险,避免使会计报表的使用者对一些重大事项产生误解,导致作出不适当的决策。

3. 报告准则

报告准则又称审计结论准则。其内容主要是对注册会计师就审计结果发表审计报告提出的要求。出具审计报告的要求包括:出具审计报告的要求、审计报告内容的要求、审计结论范围的要求和审计意见类型的要求。

(1) 出具审计报告的要求——注册会计师在完成审计程序以后,对全部审计测试进行复查,评价审计证据的充分性和适当性,以审计证据为依据,形成审计意见,出具审计报告。如果未能取得充分、适当的证据,不足以对被审计单位的会计报表的合法性、公允性和会计处理方法的一贯性作出肯定或否定结论时,可以采取另获证据或发表保留意见和拒绝表示意见的处理方法。

(2) 审计报告内容的要求——应说明审计的范围,包括已审会计报表的名称、反映日期或期间;分清会计责任与审计责任;说明审计依据和已实施的主要审计程序及其完成情况等事项。

(3) 审计结论范围的要求——审计报告应说明已审会计报表是否符合《企业会计准则》及国家有关财会法规的规定;在所有重大方面是否公允地反映其财务状况、经营成果和资金变动情况;采用的会计处理方法是否符合一贯性原则。

(4)审计意见类型的要求——规定审计意见有四种类型:注册会计师可以出具无保留意见、保留意见、否定意见和拒绝表示意见的审计报告。在发表保留意见、否定意见或拒绝表示意见时,应说明其理由,并在可能情况下指出其对会计报表所反映的内容的影响程度。

(二)独立审计具体准则

为了规范审计具体业务,自1996年以来,中国注册会计师协会曾多次制定并经财政部批准颁布实施的具体准则和实务公告,具体内容如下所述。

1. 1996年1月1日开始实施的有七个审计具体准则和一个实务公告

(1)《会计报表审计具体准则》,主要是对注册会计师审计、会计报表的职责、工作范围、方法、程序、审计记录、审计工作底稿和审计报告等方面所作的规定。

(2)《审计业务约定书具体准则》,主要是对审计业务约定书的内容、委托方与受托方的关系、委托的目的、审计范围以及委托和受托双方应负的责任等方面所作的规定。

(3)《审计计划具体准则》,主要是对注册会计师编制审计计划的时间、预算、要求等方面所作的规定。

(4)《审计抽样具体准则》,主要是对注册会计师设计和选取样本以及评价抽样结果等方面所作的规定。

(5)《审计证据具体准则》,主要是对注册会计师获取证据的途径和取证的方法以及判断审计证据的充分和适当等方面所作的规定。

(6)《审计工作底稿具体准则》,主要是对审计底稿的内容、分类、编制、复核、管理和使用等方面所作的规定。

(7)《审计报告具体准则》,主要是对审计报告的格式和内容、审计报告的编制和审计意见的类型等方面所作的规定。

(8)《验资实务公告》,主要是对验资的范围、程序、方法、验资报告以及注册会计师的验资职责等方面所作的规定。

2. 1997年1月1日开始实施的有八个具体准则和三个实务公告

(1)《错误与舞弊具体准则》。

(2)《内部控制与审计风险具体准则》。

(3)《审计重要性具体准则》。

(4)《分析性复核具体准则》。

(5)《利用专家的工作具体准则》。

(6)《利用其他注册会计师的工作具体准则》。

(7)《期初余额具体准则》。

(8)《期后事项具体准则》。

(9)《管理建议书实务公告》。

(10)《小规模企业审计的特殊考虑实务公告》。

(11)《盈利预测实务公告》。

3. 1999年7月1日开始实施的有九个具体准则和两个公告

(1)《关联方及其交易具体准则》。

(2)《持续经营具体准则》。

(3)《违反法规行为具体准则》。

(4)《与已审计会计报表一同披露的其他信息具体准则》。

(5)《计算机信息系统环境下的审计具体准则》。

(6)《了解被审计单位情况具体准则》。

(7)《考虑内部审计工作具体准则》。

(8)《管理当局声明具体准则》。

(9)《与管理当局的沟通具体准则》。

(10)《合并会计报表审计的特殊考虑实务公告》。

(11)《特殊目的业务审计报告实务公告》。

4. 2001年7月1日开始实施的有一个具体准则和三个实务公告（其中一个为修订实务公告）

(1)《会计估计具体准则》。

(2)《商业银行会计报表审计实务公告》。

(3)《银行间函证程序实务公告》。

(4)《验资实务公告》(修订)。

2006年2月开始又对以上这些具体准则和实务公告进行修订补充,形成了完整的审计准则体系,包括《中国注册会计师鉴证业务基本准则》和47个具体准则,于2007年1月1日起执行。

(1)《中国注册会计师鉴证业务基本准则》。

(2)《中国注册会计师审计准则第1101号——财务报表审计的目标和一般原则》。

(3)《中国注册会计师审计准则第1111号——审计业务约定书》。

(4)《中国注册会计师审计准则第1121号——历史财务信息审计的质量控制》。

(5)《中国注册会计师审计准则第1131号——审计工作底稿》。

(6)《中国注册会计师审计准则第1141号——财务报表审计中对舞弊的考虑》。

(7)《中国注册会计师审计准则第1142号——财务报表审计中对法律法规的考虑》。

(8)《中国注册会计师审计准则第1151号——与治理层的沟通》。

(9)《中国注册会计师审计准则第1152号——前后任注册会计师的沟通》。

(10)《中国注册会计师审计准则第1201号——计划审计工作》。

(11)《中国注册会计师审计准则第1211号——了解被审计单位及其环境并评估重大错报风险》。

(12)《中国注册会计师审计准则第1212号——对被审计单位使用服务机构的考虑》。

(13)《中国注册会计师审计准则第1221号——重要性》。

(14)《中国注册会计师审计准则第1231号——针对评估的重大错报风险实施的程序》。

(15)《中国注册会计师审计准则第 1301 号——审计证据》。

(16)《中国注册会计师审计准则第 1311 号——存货监盘》。

(17)《中国注册会计师审计准则第 1312 号——函证》。

(18)《中国注册会计师审计准则第 1313 号——分析程序》。

(19)《中国注册会计师审计准则第 1314 号——审计抽样和其他选取测试项目的方法》。

(20)《中国注册会计师审计准则第 1321 号——会计估计的审计》。

(21)《中国注册会计师审计准则第 1322 号——公允价值计量和披露的审计》。

(22)《中国注册会计师审计准则第 1323 号——关联方》。

(23)《中国注册会计师审计准则第 1324 号——持续经营》。

(24)《中国注册会计师审计准则第 1331 号——首次接受委托时对期初余额的审计》。

(25)《中国注册会计师审计准则第 1332 号——期后事项》。

(26)《中国注册会计师审计准则第 1341 号——管理层声明》。

(27)《中国注册会计师审计准则第 1401 号——利用其他注册会计师的工作》。

(28)《中国注册会计师审计准则第 1411 号——考虑内部审计工作》。

(29)《中国注册会计师审计准则第 1421 号——利用专家的工作》。

(30)《中国注册会计师审计准则第 1501 号——审计报告》。

(31)《中国注册会计师审计准则第 1502 号——非标准审计报告》。

(32)《中国注册会计师审计准则第 1511 号——比较数据》。

(33)《中国注册会计师审计准则第 1521 号——含有已审计财务报表的文件中的其他信息》。

(34)《中国注册会计师审计准则第 1601 号——对特殊目的审计业务出具审计报告》。

(35)《中国注册会计师审计准则第 1602 号——验资》。

(36)《中国注册会计师审计准则第 1611 号——商业银行财务报表审计》。

(37)《中国注册会计师审计准则第 1612 号——银行间函证程序》。

(38)《中国注册会计师审计准则第 1613 号——与银行监管机构的关系》。

(39)《中国注册会计师审计准则第 1621 号——对小型被审计单位审计的特殊考虑》。

(40)《中国注册会计师审计准则第 1631 号——财务报表审计中对环境事项的考虑》。

(41)《中国注册会计师审计准则第 1632 号——衍生金融工具的审计》。

(42)《中国注册会计师审计准则第 1633 号——电子商务对财务报表审计的影响》。

(43)《中国注册会计师审阅准则第 2101 号——财务报表审阅》。

(44)《中国注册会计师其他鉴证业务准则第 3101 号——历史财务信息审计或审阅以外的鉴务》。

(45)《中国注册会计师其他鉴证业务准则第 3111 号——预测性财务信息的审核》。

(46)《中国注册会计师相关服务准则第 4101 号——对财务信息执行商定程序》。

(47)《中国注册会计师相关服务准则第 4111 号——代编财务信息》。

(48)《会计师事务所质量控制准则第 5101 号——业务质量控制》。

以上这些具体准则都是为了规范审计业务而制定的规则。

复习思考题

1. 什么是审计准则?有何作用?
2. 国家审计准则的主要内容是什么?
3. 我国注册会计师的独立审计基本准则包括哪些内容?
4. 试述注册会计师独立审计具体准则的内容。

第三章

审计方法和审计程序

学习目标 本章主要阐述审计方法和审计程序的基本内容。通过学习,要求了解审计方法的分类及选用原则,明确各种审计方法的主要内容,掌握开展审计工作的计划、实施和报告三个阶段各项工作的基本知识和技能,为学习以后各章详细内容奠定基础。

第一节 审计方法

一、审计方法的类别及选用原则

审计方法是指审计人员为了实现审计的目标所采用的专门方法和措施。其中包括对审计对象的审查和核对,对审计资料的收集、比较和分析并据以提出审计的意见和结论,保证审计报告的真实、合法和完整。

审计工作的范围很广,审计目标和对象各有不同,而审计方法又很多,且各有其适用范围,因此审计方法的选用是否恰当,直接影响到审计工作的质量,是决定审计工作能否达到经济合理、切实可行和客观实效的重要因素。

(一) 审计方法的分类

近年来,我国审计方法逐步发展,已从一般的事后查账发展到对内部控制制度的评审和对审计资料的比较和分析。抽样方法在审计中已具有广泛的应用性,正在起着重要的作用。电算系统的审计也随着会计电算化的普及逐步开展起来,必将成为发展我国审计技术的一项重要内容。

审计方法又有审计的一般方法和审计的技术方法之分。

1. 审计的一般方法

审计的一般方法是指审计中的原则方法,是审计工作中的指导思想、应掌握的原则和路线。主要内容包括以下几点:

(1) 贯彻实事求是,一切从实际出发的唯物辩证观点。要重视证据,根据客观事物作出公正的评价。不能凭领导意图或者第三者的意见办事;不能弄虚作假,违反事实;要恪守独立、客观、公正的原则。

(2) 坚持按政策办事。即要根据确定的事实,按照国家的政策和审计的标准来确定审计的意见和结论。要坚持全面观点,反对片面性;要从发展角度观察问题,反对凝固保守。

(3) 执行群众路线。要到群众中进行调查研究,依靠群众发现线索,以取得事半功倍的效果。

2. 审计的技术方法

审计的技术方法是指为了获得审计证据所采用的手段和措施。主要包括审查书面资料的方法和证实客观事物的方法两大类。

(1) 审查书面资料的方法。它主要是指对书面凭证审计的方法,包括对会计凭证、会计账簿和会计报表进行审计的方法。其内容包括三个方面:一是按审查的技术分,有审阅法、核对法、查询法、比较法和分析法;二是按审查的顺序分,有顺查法和逆查法;三是按审查的详略分,有详查法和抽查法。此外尚有电算系统的审计,这是运用电子计算机对书面资料进行审计的方法。

(2) 证实客观事物的方法。它主要是指证明和落实客观事物的数量、品种、规格、价值、质量及所有权等实际状况的审计方法。其中包括盘存法和调节法,观察法和技术鉴定法等。

(二)审计方法的选用原则

审计方法种类很多,而各种对象都有不同的要求,在选用审计方法时,应掌握以下几项原则。

1. 必须为实现审计目的服务

审计方法是达到审计目的的手段,不同的审计目标应选用不同的方法。如对财务收支的审计,因面广、内容多,通常采用抽样审计的方法(如审阅法和核对法);如为了证实财产物资的真实性,则一般采用针对性的盘点观察方法;在进行经济效益审计时,还要运用分析对比的方法和现代管理的方法。如果采用的方法不当,不仅要浪费时间,而且不能得到应有的效果。

2. 必须从客观实际出发,实事求是

审计方法的采用应该因地制宜,适合于被审计单位的实际情况。如果企业内部控制制度比较健全,就可以采用抽查的方法,如果内部控制制度不完善,则应该进行全面审查,不必千篇一律,强求一致。

3. 必须提高效率,讲究效益

要提高审计工作的效率,就要采取切实有效的方法,行动要有计划,取证要有目的,要尽量避免不必要的浪费。可以采用函询的,就不必派出大量人员外出调查;可以抽查的,就不必全面普查,要在保证完成任务的前提下,选用经济有效的方法。

4. 必须切实可行,符合单位的需要

被审计单位机构不同,管理水平不一,选择审计方法时,应运用适合单位实际情况的方法,否则会脱离实际,作出的结论也无法贯彻。

二、审查书面资料的方法

(一)审阅法及核对法

审阅法是对各种会计凭证、账簿、报表和各种有关资料的审核查阅方法。核对法是指对两种或两种以上的会计记录和数据进行复核或核对的方法。在实际工作中,审阅法和核对法两者往往结合在一起,连同复算法加以运用,成为审查书面资料的基本方法。

1. 审阅法

审阅法的内容包括以下几个方面:

(1) 会计凭证的审阅。它包括原始凭证审阅和记账凭证审阅。原始凭证是经济业务发生的原始记录,对业务的发生是否合法、合理,是否符合合同或协议的规定,价格是否合理,验收审批手续是否健全等都提供了重要的线索。记账凭证是根据原始凭证编制的,审计人员凭以审查凭证的内容是否与原始凭证相符,记录是否符合会计制度的规定,从中发现有否差错和弄虚作假等弊端。

(2) 会计账簿的审阅。它主要审查账簿的记载内容是否完整正确和合法合理。会计账簿以记账凭证为依据,同时又是编制会计报表的主要依据。所以会计报表的数据是否真实与账簿的设置和记录有密切的关系。审查时应从日记账和明细分类账查起,审查账户记载是否与会计凭证相符,有否虚列账户或弄虚作假。对于某些重要的账户如现金账户,应收应付账款、费用账户等应特别加以注意。

(3) 会计报表的审阅。它主要审查会计报表内容是否合法合理,是否公允地反映了单位的财务状况,是否符合一贯性原则。审计人员应审查会计报表项目是否与总账数据相符,报表之间的对应关系是否一致,重要的变化事项是否如实反映。

(4) 其他有关资料的审阅。其他有关资料如统计资料、计划和合同,董事会决议等也应审阅其是否合理、合法、合规,以便掌握情况,发现问题。

2. 核对法的内容

核对法即审核查对的方法。内容通常包括以下几个方面:

(1) 核对原始凭证与其他原始资料、记账凭证与有关原始凭证在数量、单价、金额和合计数方面的内容是否相符,计算是否正确。

(2) 核对记账凭证是否正确记入明细分类账,明细分类账是否正确过入总分类账,金额是否相符,借贷是否一致。

(3) 核对总分类账的余额是否与有关报表的项目数字相符,内容是否与编表规定相符。

(4) 核对外来对账单(如银行对账单)与本单位的有关账目的记载是否相符。

(5) 核对有关账、卡、物三类的记录是否相符。

(6) 核对各种报表之间有关项目的对应关系是否相符。

3. 复算法

复算法即重算法。它是对会计凭证、会计账簿和会计报表的某些数字重新核算,以验证其是否正确的一种方法。复算法的内容包括复算有关凭证、账簿、报表的小计、合计数及总计数是否相符,必要的分析数据是否正确等。

(二) 查询法

查询法是指审计人员在审查过程中发现问题,通过查阅或询问来取得资料或证实资料的审计方法。查询法包括面询法、函询法和调查表法三种。

1. 面询法

面询法是直接找有关人员谈话,弄清问题。查询前应做好充分准备,拟订查询提纲,有的放矢。要注意不能造成被查询人的错觉,或者把提问人的意见强加于人,这样反而会搞乱真相。

2. 函询法

函询法是通过发信向有关单位核实经济业务的实际情况,如应收账款、银行往来账款一般通过函证信进行询问。函证的方式有肯定式函证和否定式函证两种。肯定式函证要求对方对提出的问题是否正确都必须作出回函;否定式函证要求对方对提出的问题具有不同意见时才予以回函。两者各有利弊,具体可由审计人员根据具体情况决定。函证信的内容要简单明确,便于回答,具体格式可以详见第六章图表6-3。

3. 调查表法

调查表法是由审计人员设计调查表,发给被审计单位有关人员填写,据以了解情况,搜集证据的一种方法。设计调查表时,应考虑其必要性、准确性和可行性。

(三) 比较法和分析法

比较法是对被审计单位的某些书面数据同有关的数据进行比较,从中找出差异的一种审计方法。分析法是对有关资料进行分解和综合,然后进行考察,从中揭示其本质和问题的一种审计方法。分析法与比较法结合起来使用有利于发现问题。

1. 比较法

比较法大多数是通过对有关数据的比较找出其中的差异。比较时可以用绝对数,也可以用相对数。可以在本单位内对不同时期的数据进行纵向比较,也可以在同一行业内对同一时期的数据进行横向比较。绝对数的比较是绝对数据的比较,如实际产量与上期产量的比较或与计划产量的比较,以便找出差距,改进工作。相对数的比较,一般采用百分比如成本利润率、劳动生产率等进行比较,看某一产品的发展趋势是否合理,是否存在问题。

2. 分析法

分析法在审计中使用比较广泛。一般可分为静态分析法、动态分析法和账户分析法。

(1) 静态分析法是对某一时期经济指标的数值相互进行比较分析的方法,主要包括绝对数比较、相对数比较、横向比较和纵向比较。

(2) 动态分析法是通过指标的发展情况考察事物的变化趋势,以找出存在问题的方法。如对销售地区的变化、市场占用率的变化等的分析。

(3) 账户分析法是指对各有关账户之间的关系的比较,如通过应收账款与产品销售收入账户的比较,发现产品赊销的变化,通过流动比率和速动比率的变化,发现企业偿债能力的变化。

第三章 审计方法和审计程序

(四) 顺查法和逆查法

1. 顺查法

顺查法又称正查法,是指审查时按照会计处理的顺序依次对会计凭证、会计账簿和会计报表逐步进行核对的方法。其优点是系统全面,可以查明证与证是否相符,账与证是否相符,账与账是否相符,以及账与表是否相符,可以避免差错和遗漏。但耗费人力和时间太多,影响对重点问题的检查,因此适用于规模较小的单位和一些专案审计。

2. 逆查法

逆查法又称倒查法,是按照会计账务处理的相反程序,从审计会计报表开始,根据审计中发现的问题或疑点追溯到会计账簿、记账凭证和原始凭证,以查明主要问题的真相和原因的方法。这个方法便于抓住主要问题,可以节省人力和时间,但不易把所有问题揭露出来。现代审计采用事先审查内部控制制度的办法,易于找出审计的重点,因此规模较大的单位适用这种方法。

(五) 详查法和抽查法

1. 详查法

详查法是指对被审计单位在审计期内的所有凭证、账簿和报表进行全部详细的审查的一种审计方法。其特点是检查精细,能掌握详细准确的全部情况而不易发生遗漏,但耗费多、时间长,因此适用于业务较少的特种项目和专项审计。如违反财政纪律专案及所有者权益类科目的审查一般可采用详查法。

2. 抽查法

抽查法又称抽样法,是指审计人员对被审查单位在审查期内的全部凭证和记录的总体资料中选定一定数量的样本进行测试,并根据测试结果推断审查总体有无差错和弊端的一种审计方法。这种方法是根据样本进行抽查,省时省力,但是如果样本选择不当,就可能会作出错误的结论。所以事先必须进行样本的设计,使设计对象总体与审计目标具有相关性和完整性,并根据审计目标及审计单位的实际情况,确定抽样单位,选取适当的样本量。

抽查法一般可分为任意抽查法、判断抽查法和统计抽查法三种:

(1) 任意抽查法。即不考虑样本的金额大小和取样的依据,以随意方式取得样本。由于审计人员运用这种方法单纯从减少工作量角度考虑故缺乏科学依据,质量难以保证,现在的审计方法中已不采用。

(2) 判断抽查法。即凭审计人员的经验和判断能力有目的地从审计对象总体中抽查部分样本进行审查。如审计人员往往在大额现金收支和应收应付项目的期末结转中发现弊端,因此,在现金审计中一般选择金额较大的收支项目进行审查;在应收应付项目中一般选择月底、月初的大额收支进行审查。这个方法抓住一定的重点,往往有一定的效果,省时省力,因此在审计中经常被采用。但由于这一方法在很大程度上取决于审计人员的经验和判断能力,有时带有一定片面性。

(3) 统计抽查法又称随机抽样法。即按照随机原则进行抽样并使用数理统计的方法对总体进行推断的一种审计方法。这一方法是随概率论和数理统计的发展而发展起来的,它的优点是:

① 可以科学地确定抽样规模,不会使样本规模过大而增加费用,也不致因规模过小而不能达到预期的效果。

② 可以使各项目被抽中的机会均等,防止人为的偏见。

③ 可以保证审计结论在一定的精确限度之内。

但是统计抽样的应用也存在一定缺点,如:

① 使用方法比较复杂,对资料不齐全和不具有同性质的总体不相适用。

② 由于审计结论只能接近于实际,对于某些财经性专案如贪污舞弊等案件的审计,不易得出全面精确的审计结论。

鉴于以上原因,在使用统计抽样时,若同时采用判断抽样,则具有较好的实际效果。

统计抽样的内容一般包括简单随机抽样、系统抽样、整体抽样和分层抽样等方法,具体说明如下:

① 简单随机抽样。随机抽样是指对审计对象的总体(或每一层次内所有的项目)按事先确定的机会来选取样本,其中利用随机数表(即乱数表)的号码抽取样本是最简单常用的方法。它是由随机生成的从0～9的数字组成,出现在表上的次数大致是相同的,顺序是随机的(图式参见图表3-1)。在使用随机数表时,首先应对总体项目进行编号,凡原有总体项目已有编号的,如凭证号码、支票号码、账页号码等都可以利用。如审计人员准备对编号从1000～5000号销货发票中选取15个样本进行审查,可以选用5位编号数中的后4位数与发票号码一一对应。如果从图表3-1的第2行第3栏开始往下查,就可选出发票的号码为4819、4189、4135、2361、1222、3205、3402、1086、3566、2713、3512、2990、4672、4455、4996。与发票号码无对应关系的号码均不列入。被选号码的发票就可以作为样本进行审查。

图表3-1

随 机 数 表

(部分数据)

栏号 行号	1	2	3	4	5
1	35685	83592	58226	25238	36242
2	60999	86089	14819	48602	02713
3	34453	32555	84189	90021	83512
4	16530	61372	14135	21086	58168
5	42818	32222	42361	47859	42990
6	44850	82485	27583	93566	84672
7	15819	05102	21222	98821	25286
8	85189	62914	13205	50735	54455
9	69165	13564	83402	16750	44996
10	82059	10638	05995	75707	34736

② 系统抽样。系统抽样也称等距抽样,是每隔一个间隔顺序选取一个样本的抽样方法。例如在500张发票中,选择50张发票进行抽样,则每张间隔为10(500/50=10),审计人员随机选取起点若为101,

则可以顺序选取 101、111、121、…、191 等 10 个数为样本。

系统选样方法使用方便,但使用时要求总体必须是随机排列的,否则容易发生较大的偏差。

③ 整群抽样。整群抽样是指将总体项目先按某一标志分成若干个群体,然后按随机数表或系统抽样方法抽取样本的方法。例如对企业的销售发票可以按星期将全年划分为 52 个群体,或按五天将全年划分为 73 个群体,然后分群抽样审计。

整群抽样的使用方法比较方便,但样本的代表性比较差,所以在需要抽取样本项目不多的情况下,以使用随机数表为好。

④ 分层抽样。分层抽样是指先将总体分成若干个子总体,然后在各个子总体中抽取样本的方法。这个方法,实际是在总体的每一层次内的所有项目中选取样本的方法,是总体抽样的一个分支。其优点是可以针对重点,灵活运用并减少抽样数量。

三、证实客观事物的方法

(一) 盘存法和调节法

盘存法也称盘点法,是指对被审单位的财产物资进行实地盘点,从中取得实物证据的方法。调节法是指对有关审计项目中数据不符的资料进行必要的增减调整,从而取得需要证实的证据的方法。两者都是用以证明和落实客观事物的手段,紧密相连。有些物资经过盘点以后,发现数量与账面并不相符,必须经过调节才能求得一致。如库存现金的存量包括代保管现金、抵作库存的借条等,应在盘点后将这些因素加以调整,才能证明库存现金是否与账面相符。其他如银行存款、库存商品和产品、原材料等都有相似的需要调整的地方。

1. 盘存法

盘存法又分为直接盘存法和监督盘存法两种。

直接盘存法是指审计人员直接对实物进行盘点的方法。这种方法适用于对贵重物品和少数实物的盘点,盘点时必须有经办人员和主管负责人员在场,以明确责任。盘点后应填写盘点记录,由有关人员共同签字。至于其他财产物资,由于一般数量较大,并有一定的盘点检查技术,审计人员不可能亲自一一点清,一般应由经办人员清点,由审计人员监督抽查。

监督盘存法是指审计人员在场对库存财产物资进行监督抽查的方法。这一方法适用于财产物资数量较大的盘点。审计人员除了监督盘查外,还应抽查其中一部分物资,抽查比例应根据具体情况确定,一般为10%。如果发现问题较大,可以要求扩大抽查面,必要时也可以要求重新盘存。盘点时要同时注意物资的质量、包装等情况,对霉烂变质、呆滞积压商品要另行列表上报,研究处理。

2. 调节法

调节法的应用面很广,很多的财产物资在盘点后一般都要经过调整才能求得账实一致。除上面所述现金库存外,银行存款的余额几乎是每月都要进行调节的,因为银行和企业除了记账错误以外,客观上常要发生未达账款,如企业已入账而银行未收到款项,企业已付款而银行尚未付出款项,或者是银行已收到款项而企业尚未入账,银行已付款而企业尚未付款等。这些账目必须编制"银行存款余额调节表",经审核调整后方能求得银行对账单与企业银行存款账余额相符。有些财产物资如材料的账面结存日与盘点日并非完全一致,也必须编制"库存材料调节表"调节盘点日和账面结存日的收发数后方能进行比较。

(二) 观察法和技术鉴定法

观察法是指审计人员进入审计现场对生产经营、财产物资管理和内部控制制度的执行情况进行实地观看和观察以取得审计证据的方法。技术鉴定法是指审计时运用专门技术对技术资料、实物性能和质量、财产物资价格进行识别、测试和鉴定的方法。两者都是深入现场实行实质性的面对面和技术性的科学鉴定方法。

1. 观察法

观察法是一种深入现场进行实地观看视察的方法。由于有些书面资料容易造成假象,必须深入现场亲自观察才能查明真相。现代审计的特点之一就是把审计程序建立在内部控制制度的评审基础上,具有一定的科学性。但有些单位只是把制度写在书面上并不认真执行,形同虚设,审计人员只有经过现场的评审测试,采用调查表或流程图法加以描述,才能证实其是否如实执行。又如,有些机器设备早已功能衰退,甚至影踪全无,而账面仍然如故,不经过现场观察不能发现其真相。其他如规章制度、劳动效率的执行情况也只能利用观察方法才能证实其实际效果。

2. 技术鉴定法

技术鉴定法是对带有技术性的审计对象进行鉴定和识别的方法。许多项目如机器的性能、产品的质量、建筑的结构、设计的可行性等不是一般审计人员通过一般的观察方法就能取得证据的,往往需要技术人员协同审计人员进行审计。由于技术鉴定法能够提高审计效果并直接影响着企业和单位的生产和经营,因此审计单位常聘用专家和顾问协同工作。

四、电算系统审计的方法

随着科学技术的发展,会计电算化已在我国得到大力推广,许多大中型企业在会计数据处理、会计报表编制以及工资核算等方面实行了电算化,有的已在微机单机运用的基础上形成核算的综合处理和信息系统。会计电算化的发展对我国电算系统审计产生了很大的影响。

(一) 会计电算化对审计的影响

会计电算化对传统的审计产生了以下几个方面的影响。

1. 改变了审计的操作对象

由于会计核算操作方式的变化,改变了审计的操作对象。

会计核算从原来手工操作改为电算化后,审计的操作对象将由会计人员改变为计算机,一切数据都要经过计算机输入、处理和输出,许多环节作了根本性的变化,使审计方法必须作相应的变化。

第三章 审计方法和审计程序

2. 改变了人与数据的接触方式

由于数据存储和存放方式的变化,使人与数据失去了直接的接触。

实行电算化后,会计信息存入磁性材料,改变了人工记账时期人与账簿直接接触的存取方式,使计算机工作的顺序和数据处理工作很难直接进行观察,难以用手工方式对经济业务直接进行追踪,因而要求采用新的审计方法。

3. 促进增加新的监控手段

由于电算操作有一定的错误和弊端,必须增加新的监控手段。

电子计算机必须有一定的防弊措施,内部控制必须严密,许多旧的控制方式和管理方式也必须被新的方式所取代。否则发生的弊端将更为严重。

4. 促进人才素质的提高及设备的更新

由于审计方法的改变,审计机构的人员和设备必须作相应的充实和提高。

审计面对电算化,必须有既懂政策法令和会计技术又懂电子计算机的操作和设计的人才,并配有相应的设备,才能使机构和人员适应电算系统的需要。

(二) 电算系统审计的基本方法

当前被审计单位的电算化程度不一,审计单位的应用程度也不一致,因此电算系统的审计方法也不同。目前的审计方法基本上有以下三种。

1. 用手工审计的方法对电算系统进行的审计

这种方法是指审计人员绕过电算审计,只通过审查输入数据和打印输出的文件对计算机处理的结果进行审计。这个方法手续简单,不需要有专门的电算化技术。如果发现输入是正确的而输出结果是错误的,则可以肯定数据处理过程是错误的。但是这毕竟不是长久之计,因为电算化程度将会不断发展,有些原始资料将会不易直接取得,以致最后无法从事手工审核。而且电子计算机有强大的功能,不加以充分利用,单用人力已不能适应,实质上也是一种浪费。

2. 通过计算机审计的方法对电算系统进行的审计

这种方法是指审计人员具有一定的电算化知识,可以直接用计算机技术阅读和审查电算系统的输入和输出文件,又可审查电算系统的处理和控制功能,用以评价控制的效果和处理的正确性。这种方法对于电算化程度较高和对具有管理和决策功能的电算系统的审计是十分必要的,它可以大大提高审计效率。

3. 利用计算机审计的方法对电算系统进行的审计

这种方法是指审计人员熟练地掌握了电子计算技术,能够编制一些审计程序来完成审计工作。审计所利用的程序也称审计软件包,它有通用的软件包和专用的软件包。专用的审计软件包就是特别为被审计单位或某个审计项目研制的,它对电算审计具有专门的用途,例如对重要项目的分类、审查和对重要数据的计算分析,丰富了审计的内容。目前我国会计电算化已逐步发展起来,电算系统审计已成为必不可少的应用手段,它必将逐步得到发展和推广。

(三) 电算系统审计的基本内容

电算系统审计的内容是根据审计的目的而确定的,具体包括内部控制制度审计、应用程序审计、数据文件审计和处理系统审计、系统开发审计等。

1. 内部控制制度审计

为了使电算系统能够安全可靠地运行,严格内部控制制度是十分必要的,它可以保证数据功能所产生的信息具有正确性、完整性、及时性和有效性,并纠正可能产生的舞弊和犯罪行为。电算化信息系统的内部控制系统包括两个子系统:一是一般控制系统,包括组织和操作控制、硬件和软件控制、安全控制和文书资料控制等;二是应用控制系统,包括输入控制、处理控制和输出控制。

内部控制制度的审计程序包括四个阶段:一是初步审核和评价阶段,即对控制的目标、构成系统的基本要素、主要环境控制措施、应用系统和应用项目的基本情况等的了解;二是详细审核和评价阶段,即在初步审核的基础上确定控制领域、控制点、控制目标和必要的内部控制措施;三是符合性测试阶段,即对控制措施的实施情况及遵守情况进行测试,以便对内部控制制度的强弱和可靠性作出最后的结论;四是最后评价阶段。

2. 应用程序审计

计算机应用程序的审计是电算系统审计的重要内容,如企事业单位处理经济业务的目的、原则和方法都体现在计算机程序之中;它们是否执行国家的方针政策,是否执行财经纪律和制度也往往在应用程序中体现出来。所以计算机应用程序的审计内容主要是检查计算机的程序控制功能是否可靠,处理经济业务的程序和方法是否准确。

对计算机程序的审计可以分为对程序进行直接检查和通过数据在程序上的运行进行间接检查两种。对程序进行直接检查包括直接对程序进行逐句审查,或借助流程图作为工具,用标准的图形、符号等来反映程序的控制功能和数据处理的逻辑。对程序进行间接检查是利用实际数据或模拟数据进行检查,即根据被审单位的实际数据或用模拟数据在程序上进行处理,然后将处理结果与正确的结果进行比较。

3. 数据文件审计

数据文件审计包括由计算机打印出来的数据文件和贮存在磁性介质之上的数据文件的审计。存贮在介质上的文件,包括会计凭证、会计账簿和会计报表,需要用电算技术进行测试。测试方法主要包括三个方面:一是测试电算系统数据文件安全控制的有效性,主要是检查文件存取的控制;二是测试数据文件的控制功能的可靠性,可以用实际数据和模拟数据进行测试;三是测试数据文件内容的真实性和准确性,可以挑选重要文件或重要项目打印输出后进行检查,也可以利用审计软件包进行检查。

4. 处理系统审计

计算机处理系统的审计是对计算机中的硬件功能、输入数据、程序和文件四个因素进行综合的审计,以确定其可靠性和准确性。主要程序是先对计算机硬件功能进行检查后,分别对输入数据的准确性、每个重要程序的准确性和每个重要文件的准确性进行测试,在此基础上对整个电算系统的处理功能进行评价。

5. 系统开发审计

系统开发审计是指对电算化信息系统开发过程进行的审计。审计的目的:一是要检查开发的方法、程序是否科学合理,是否受到恰当的控制;二是要检查开发过程中产生的系统资料和凭证是否符合规范。

第二节 审 计 程 序

审计程序是指审计人员从接受审计项目开始到审计工作结束全过程的工作步骤。

审计工作是一项规范化的活动,除了要选用一定的审计方法外,还必须要有一个规范化的审计程序,使审计人员可以按照规定的审计程序有计划、有步骤地顺序进行工作,以提高审计工作效率,保证审计工作质量。

一般来说,任何一类审计,包括国家审计、内部审计和民间审计;任何审计项目,包括经济效益审计、财务收支审计、财经纪律审计等,其审计程序都要经过审计计划、审计实施、审计报告三个阶段,每个阶段各自又包括若干具体内容,下面以民间审计的程序为例进行阐述。

一、审计计划阶段

审计计划阶段是审计工作的开始阶段,也是审计工作实施以前的准备工作。包括:接受委托、了解委托单位基本情况,签订审计业务约定书,评价被审计单位内部控制制度,分析审计风险,拟定审计工作计划等内容。

第三章　审计方法和审计程序

(一) 接受委托、了解委托单位基本情况

审计机构在接受审计项目委托之前,首先要根据审计项目的要求,了解被审计单位的基本情况,包括:被审计单位的生产经营规模、业务性质、经济规模、财务工作机构、人员分工、会计报表、合同协议、营业执照、相关的内部控制制度以及目前财务状况和内部审计情况。然后同委托单位就审计约定事项的有关内容进行洽谈,确定委托的审计项目,配备审计人员,成立审计小组。

(二) 签订审计业务约定书

社会审计机构在接受审计项目,注册会计师在初步了解被审计单位基本情况的基础上,与委托单位签订审计业务约定书。如图表3-2所示。

图表3-2

审计业务约定书

编号＿＿＿＿＿＿＿

本约定书确认＿×××××××＿公司(以下简称委托方)委托××会计师事务所(以下简称受托方)对委托方在约定的时期内所编制的会计报表进行审计。并将有关事项约定如下:

一、审计的范围与目的

受托方接受委托,对委托方200×年×月×日资产负债表以及相应年度的利润表、现金流量表等进行审计。

受托方将根据《中国注册会计师独立审计准则》对委托方的内部控制制度进行研究和评价,对会计记录进行必要的抽查,以及在当时情况下认为必要的其他审计程序,并在此基础上对上述会计报表的合法性、公允性及会计处理方法的一贯性发表审计意见。

二、双方的责任与义务

(一) 委托方的责任与义务

责任:建立健全内部控制制度,保护资产的安全完整,保证会计资料的真实、合法、完整,保证会计报表充分披露有关的信息。

义务:1.及时为受托方的审计工作提供其所要求的全部会计资料和其他有关资料。

（续表）

2. 为委托方派出的有关工作人员提供必要的工作条件及合作。

3. 按约定书规定及时足额支付审计费用。

4. 在200×年×月×日前提供审计所需全部资料。

（二）受托方的责任与义务

责任：按照中国注册会计师独立审计准则的要求进行审计，出具审计报告，保证审计报告的真实性、合法性。

义务：1. 按照约定的时间完成审计业务，出具审计报告。由于注册会计师的审计采取事后重点抽查的方法，加上委托方内部控制制度可能有局限性和其他客观因素制约，可能存在会计报表在某些重要的方面反映失实，而注册会计师又可能在审计中未予发现的情况，因此，受托方的审计责任并不能替代、减轻或免除委托方的会计责任。

2. 对执业中知悉的委托方商业秘密严加保密。

3. 审计工作结束后，将有关会计处理、内部控制制度及其他事项等向委托方提出改进意见。

三、审计报告的使用责任

受托方向委托方出具的审计报告一式×份，这些报告由委托方分发使用，使用不当的责任与受托方无关。

四、审计费用及支付方式

（一）委托方应向受托方支付审计费为人民币/美元（大写）×××元

（二）上述审计费用在本约定书经双方签章后，先支付50%，审计报告完成时，再支付其余50%

五、本委托书一式两份，经双方签章后生效，双方各执一份

委托方：××××××（公章）　　　　受托方：××××××（公章）

委托方负责人：×××（签章）　　　　受托方负责人：×××（签章）

投资总额/注册资本：××××万元　　　联系地址：

注册地址：　　　　　　　　　　　　　电话　　　传真

联系地址：　　　　　　　　　　　　　银行账号：

电话　　　传真　　　邮编　　　　　　邮编：

联系人：×××　　　　　　　　　　　联系人：×××

　　　　　　　　　　　　　　　　　　签订日期：200×年×月×日

审计业务约定书是审计机构交给委托单位的正式文件,是对接受项目和约定事项的确认,可以作为双方责任承担和鉴定的依据,具有法律效用。其基本内容包括:签约双方的名称,委托目的,审计范围,会计责任与审计责任,签约双方的义务,审计机构出具审计报告的时间要求,委托单位正确使用审计报告的责任,审计收费的计算标准及付费方式,审计业务约定书的有效期间、违约责任、签约时间以及双方认可的其他事项等。

政府审计机构则是根据审计计划确定的审计事项,在实施审计前三天向被审计单位下达通知书,其内容包括审计单位和被审计单位的名称、审计目的、审计范围、双方责任和义务以及出具审计报告的要求等方面。如图表3-3所示。

图表3-3

××审计局

审计通知书　　××字200×年××号

×××××× (被审计单位):

兹根据有关审计法规,特派我局审计人员×××、×××、×××……共×人,于200×年×月×日至200×年×月×日期内,到你处进行审计,请予配合,做好准备工作,并为审计人员提供必要条件。

审计人员名单

  组长　×××　　职称

  组员　×××　　职称

  　　　×××　　职称

特此通知

××审计局(公章)
200×年×月×日

(三) 拟定审计工作计划

审计计划是审计人员在具体执行审计程序之前为完成预定的审计业务所达到的预期目的所编制的工作计划。它是审计工作底稿的一部分。

审计计划包括总体审计计划和具体审计计划。

1. 总体审计计划

总体审计计划是审计工作的总体战略,是整个审计工作的蓝图,是对审计的预期范围和实施方式所作的规划。其基本内容如下:

(1) 被审计单位的基本情况。包括:单位名称、地址、组织机构、业务范围、经营规模、分支机构组织情况以及高层管理人员的姓名等等。

(2) 审计目的。是指委托单位或被审计单位所委托的目的。它们所委托的目的可能是一般的年度报表审计,也可能是特殊目的审计。

(3) 审计范围。是指被审计的会计报表范围,时间和会计主体的范围。

(4) 重点会计问题及重点审计领域。凡对被审计单位会计报表数据的真实性、合法性产生重大影响的事项均作为重点会计问题纳入重点审计领域。

(5) 审计工作进度及时间。主要是指重要审计程序的实施日期及执行审计程序各个步骤所需工作时间。

(6) 人员分工。主要是审计小组成员名单及具体工作安排,以及对专家、内部审计人员及其他审计人员工作的利用等等。

(7) 审计重要性的确定及审计风险的估计。主要是对本次审计的重要性和风险确定一个标准。

(8) 其他有关内容。

2. 具体审计计划

具体审计计划是依据总体审计计划程序的性质、时间和范围所作的详细规划和说明。即审计工作的具体程序。

具体审计计划包括各个具体审计项目的基本内容,主要是:审计目的、审计程序、执行人员及执行日期、审计工作底稿的索引号以及其他有关内容等。

具体审计计划是根据总体审计计划的要求以审计程序表的方式编

制的。审计程序表比较简洁明了，便于执行，审计人员乐于采用。其一般格式如图表3-4所示。

图表 3-4

审 计 程 序 表

被审计单位名称：_____　　　　　　　编制人：_____
审计项目名称：_____　　　　　　　　复核人：_____
审　计　方　式：_____　　　　　　　　日　　期：_____
会　计　期　间：_____　　　　　　　　索引号：_____

	执 行 情 况		
	工作底稿索引	执行人	日期
一、审计目标			
1.			
2.			
……			
二、审计程序			
1.			
2.			
……			

审计工作计划需经审计机构有关业务负责人审核批准。

二、审计实施阶段

审计人员在完成各项准备工作以后，按照审计计划的要求即进入审计实施阶段。这是审计工作的一个重要阶段。这个阶段的主要工作是审计人员进驻被审计单位，审查会计资料，检查评价内部控制制度，收集审计证据以及编制工作底稿。

（一）审计人员进驻被审计单位

审计人员在审计工作开始以前，首先要进驻被审计单位，通过与被审计单位的领导、管理人员及有关人员联系,进一步摸清被审计单位的情况,同时通过开座谈会、访问等形式,使被审计单位的有关人员了解对审计的目的、内容、时间等方面的要求,以争取他们的信任、支持和配合。

(二) 检查评价内部控制制度

内部控制制度是企业为保护财产安全、完整和有效运用,保证会计资料的真实可靠,提高经营管理水平和经济效益,在企业内部所采取的一系列组织机构控制以及处理业务的程序、方法和措施的总称。

检查和评价被审计单位的内部控制制度是审计工作进行符合性测试的基础。审计人员可以通过对内部控制制度的检查和评价的结果来确定其可信程度,并根据内部控制制度的作用发挥与否来确定审计程序的实施程度,即确定符合性测试和实质性测试的性质、范围、重点及时间安排,以便取得适当的、充分的直接证据,从而缩小检查范围,节省时间。

(三) 审查会计资料

审查会计资料是审计实施阶段的重要工作之一。通过会计资料的审查及其反映的经济活动进行实质性的测试,可以对被审计单位的财务收支,以及经营成果的合法性、合规性、合理性和效益性进行检查。

对会计资料的审查主要包括:分析被审计单位的会计报表、账簿、凭证等会计资料是否符合《企业会计准则》及有关财务会计法规的规定;在所有重大方面是否公允地反映被审计单位的财务状况、经营成果和资金变动情况;会计处理方法的选用是否符合一贯性的原则;会计资料与实物是否一致等方面。

(四) 收集审计证据

审计证据是审计人员在执行审计过程中形成审计意见所获得的重要资料,它是审计人员发表审计意见、出具审计报告的依据。

审计证据的质量好坏对审计工作的质量有着很大影响。实际上审计人员实施审计工作的过程也就是收集审计证据活动的过程。在审计过程中审计人员一般采用检查、观察、查询、函询、计算和分析性复核、抽样等方法来获取审计证据。为了保证审计证据质量，审计人员一般采用抽样方法获取审计证据，抽样时应考虑样本的代表性。同时还可采用检查会计记录的可靠程度、监盘各种实物资产、货币、有价证券的真实性，实地观察业务活动现场，了解内部控制制度的执行情况以及对有关人员、单位进行询证等活动来获取审计证据。

审计证据包括书面证据和口头证据。审计人员在审计过程中比较多的是获取和利用书面证据。书面证据又可分为外部证据和内部证据，它是审计证据的主要组成部分，也可称之为基本证据。书面证据包括与审计有关的各种原始凭证、会计凭证、会计账簿、会计报表等会计记录，各种合同、通知书、报告书及函件等。

在获取审计证据时，还必须考虑其充分性和适当性。充分性是指要有足够的证据能足以支持审计意见，因为客观、公正的审计意见必须建立在有足够数量的审计证据的基础上。适当性是指相关性和可靠性。相关性是要与审计目标相关联，可靠性是要能如实反映客观事实。一般来说，审计证据的可靠程度是：书面证据比口头证据较为可靠；外部证据比内部证据较为可靠；审计人员自行获得的证据比被审计单位提供的证据较为可靠；内部控制健全的证据比内部控制较差的证据可靠；能相互印证的证据则更为可靠。

（五）编制审计工作底稿

审计工作底稿是审计证据的载体。在审计过程中，审计人员积累和获取的审计证据资料应有详细的记录。将这些记录资料加以汇总、整理，去粗取精，综合分析，使之形成书面文件，这就是审计工作底稿。因此审计工作底稿是审计人员在审计过程中所形成的审计工作记录和获取的资料。它既是审计计划的实施总结，又是审计意见形成的依据和撰写审计报告的基础。

审计工作底稿的基本内容包括：被审计单位名称、审计项目名称、审计项目时点或期间、审计过程记录、审计标识及说明、审计结论、索引号及页次、编制人姓名和编制日期、复核人姓名、复核日期以及其他说明事项等。

三、审计报告阶段

审计报告阶段即审计程序结束的阶段。其工作内容包括：分析审计证据、复查审计工作底稿、编写审计报告、处理审计资料等。

（一）分析审计证据

审计人员在审计实施阶段收集到的审计证据一般是分散的、个别的，必须按照一定的方法，通过分类、计算、比较、综合，将这些分散在各个审计人员手中的审计证据按问题性质归类，加以整理，并在此基础上进行分析。也就是说，只有将原始状态的审计证据与审计目的结合起来，按照各个证据的性质和重要程度以及与其他证据之间的关系进行分析、比较，以形成较为完整的有条理、有系统、彼此有联系的审计证据，才能有效地对被审计单位作出正确评价，恰当地形成审计意见，为审计报告提供依据。

（二）复核审计底稿

审计工作底稿是审计人员根据自身的取证记录编写的。由于单个审计人员专业知识的局限性和判断能力的差异，在审计过程中难免有判断失误和计算误差的情况而影响审计工作质量。通过对审计底稿的复核，可以减少和消灭各种审计差错，提高工作质量，降低审计风险，可以及时发现和解决问题，提高审计工作效率；便于上级管理人员对审计工作人员进行审计质量监控和工作业绩考评。因此，对审计工作底稿的复核，是一项重要的必不可少的程序。

审计工作底稿的复核工作一般由编制人的上级或同级人员进行。复核人员在复核审计工作底稿时，应明确指出审计工作底稿中存在的问题和疑点，做好必要的复核记录，并以书面表示复核意见。签署复核人姓名和复核日期，并督促编制人员及时修正。

第三章 审计方法和审计程序

(三) 编写审计报告

审计报告是审计工作的最终成果。是审计人员完成约定的审计事项以后向委托单位提供的表明审计意见的书面文件,它具有法定证明效力。

审计人员在实施了必要的审计程序以后,以经过核实的证据资料编制的审计底稿为依据,形成审计意见,按照一定格式编制审计报告。审计人员对审计报告的真实性、合法性负责,按不同的审计意见类型分别出具审计报告。审计意见类型分无保留意见、保留意见、否定意见和拒绝表示意见四种。

审计报告的基本内容包括:标题、收件人、审计范围、审计意见、审计机构、人员签章、审计机构地址及报告日期等。

(四) 出具管理建议书

管理建议书是审计人员在完成审计工作以后对被审计单位的内部管理制度中存在的缺点和薄弱环节提出的书面改进建议。管理建议书的目的在于对被审计单位加强内部控制,改进会计核算,提高管理水平提供参考意见,其内容包括:收件单位(人)、前言、正文、说明、签发单位(人)、签发日期等。

(五) 处理审计资料

审计工作结束后,审计人员要做好下述审计资料的处理工作:将审计工作中形成的资料及工作底稿进行分类整理,对一些记录内容相对稳定,具有长期使用价值并对今后的审计工作具有重要影响和直接作用的资料作为永久性档案长期保存;对一些记录内容经常变化,只能供当期审计使用和下期参考的审计资料,作为当期档案保存10年。

复习思考题

1. 什么是审计方法? 选用审计方法应遵循哪些原则?
2. 审查书面资料有哪些方法? 主要内容是什么?

3. 证实客观事物有哪些方法？主要内容是什么？
4. 审计抽样的选择方法有哪几种？内容如何？
5. 电算系统审计的基本内容有哪几种？
6. 什么是审计程序？审计程序规范化有何作用？
7. 审计计划阶段包括哪些主要工作内容？
8. 审计实施阶段包括哪些主要工作内容？
9. 审计报告阶段包括哪些主要工作内容？
10. 怎样收集和分析审计证据？

第四章

企业内部控制制度的审计

学习目标 内部控制制度是企业管理现代化的产物,研究和评价企业内部控制制度是现代审计的重要特征。本章主要阐述企业内部控制制度的涵义、作用、分类和内容等方面的基础知识。通过学习,要求了解企业内部控制制度的涵义、作用和分类,明确企业内部控制制度的主要内容,掌握企业内部控制制度审计的具体内容和表述方法的知识和技能。

第一节 企业内部控制制度的涵义和作用

一、企业内部控制制度的涵义

企业内部控制制度是为适应企业生产、经营的需要而产生的,是现代化企业管理的重要组成部分。

物质资料是人类赖以生存的基础。人类为了生存,不断进行物质资料的生产,当社会生产力发展到一定阶段,出现劳动者之间的分工和协作以后,人类就产生了对生产管理的需要。生产越发展,企业规模越大,劳动的分工和协作就越细,生产的社会化程度也就越高,生产经营管理就显得特别重要。

企业为了达到管理生产和经营活动的目的,必须要制定管理目标。这些管理目标项目繁多,包括材料或商品的采购,货款结算,商品、物资保管,设备安装,生产加工,产品、商品销售,费用开支,成本计算以及利润的计算和分配等一系列的管理工作。在实现这些管理工作目标的过程中,难免会发生偏差,甚至还会发生错误或事故,产生违法乱纪、贪污盗窃、铺张浪费等情况,给企业造成经济损失。在这种情况下,企业就需要采取一种控制手段来控制人们的行为,检查和纠正偏离管理目标的情况,这就产生了内部控制制度。

　　企业内部控制制度不是一种单独的制度,它是渗透在各种规章制度之中的。企业的各项管理制度都具有控制作用,而内部控制制度则是企业内部管理系统各种控制手段的总称。例如:会计制度中对会计凭证、会计账簿、会计报表规定了特有的要求、手续和程序,如钱账分开,钱物分开等;业务制度中则有收货、发货的手续制度等等,这些都包含了控制手段。

　　综上所说,我们可以对企业内部控制制度作如下的表述:企业内部控制制度是企业在生产、经营活动中,为了明确内部各个管理部门的职责和权限,保护企业财产物资的安全、完整和有效地运用,保证经济信息资料的真实、正确及生产、经营目标的实现,提高企业生产经营效率和经济效益,在企业内部所采取的一系列控制职能作用的具有各部门之间相互联系、相互制约、相互协调的方法、措施和程序的总称。

　　1929年,美国会计师协会与联邦储备局发表的《会计报告验证》中就提到内部控制制度的审计职业。《国际审计准则》对内部控制制度也下了定义:"内部控制制度是单位的管理人员为达到管理目标而采用的组织计划和全部方法与程序,在尽可能实行的范围内保证其业务经营的顺序和有效性,包括严格遵守管理政策、保护资产、预防和揭发舞弊和错误、保持准确和完整的会计记录,以及适时编制可靠的财务资料。"

二、企业内部控制制度的作用

企业内部控制制度的作用主要有三。

(一) 保证各项经济资料的及时、正确、真实和可靠,为企业提供准确信息

企业的会计资料及其他经济资料是企业生产、经营活动的信息来源;是反映企业生产、经营活动情况和预测、决策的依据,建立和健全企业内部控制制度,可以保证信息、资料的及时、正确、真实和可靠。如果一个企业没有建立健全的内部控制制度,对会计资料及其他经济资料缺乏控制,记录不完整、不健全,没有定期进行账证、账账、账表、账实核对制度,错误和舞弊便会乘机而生,必将严重影响企业的生产经营活动和经济效益。

(二) 保护企业财产物资的安全和完整

企业的财产物资是进行生产、经营活动的物质保证。保护好企业的财产物资是企业所有者和经营者所关心的重要方面。为此,企业必须建立和健全内部控制制度,使各项财产物资的收入、发出、保管、使用等各个环节得到全面控制,达到分工明确、责任落实、环环相扣,以避免或减少浪费和损失。

(三) 有利于国家政策、方针的贯彻,维护财经纪律,促进企业内部各项管理制度的贯彻和目标的实现

企业在生产、经营活动中,必须遵守国家有关的经济法律、法规,执行企业内部各项管理制度,才能有效地完成各项经济指标,提高经济效益。企业内部控制制度是按照国家有关法律、法规和内部规章制度的要求制定的,规定了企业处理各项生产、经营业务的手续和程序,因此,贯彻执行企业内部控制制度,就能保证国家方针政策和财经纪律的执行,可以防止偏差,纠正偏差,保证企业生产经营目标的实现。

第二节 企业内部控制制度的分类和内容

一、企业内部控制制度的分类

(一) 按控制的范围划分

按控制的范围划分,企业内部控制制度可以分为内部会计控制制度和内部管理控制制度。这是主要的分类。1973年,美国注册会计师协会在《审计程序报告》中就提出把内部控制制度分成内部会计控制制度和内部管理控制制度的主张。

1. 内部会计控制制度

内部会计控制制度是以确保会计资料的真实、可靠为目的的内部控制制度,是直接对会计凭证、会计账簿和会计报表等会计资料的真实性和可靠性进行的控制。内容包括会计机构的设计及直接与财产物资有关记录的控制方法和程序。各项资产管理内部控制制度、成本费用管理内部控制制度、货币资金内部控制制度等即属于此类内部控制制度。

2. 内部管理控制制度

内部管理控制制度即内部行政和业务管理制度。是以提高经营管理水平和工作效率为前提,用于行政和业务管理方面的控制方法和程序。包括内部组织机构设计、经营管理方针的执行以及与会计记录有间接联系的各种方法和程序。劳动工资、人事内部控制制度,产品生产、销售内部控制制度,商品购销内部控制制度等都属于此类内部控制制度。

(二) 按控制的内容划分

按控制的内容划分,企业内部控制制度可以分为会计资料内部控制制度、财产物资内部控制制度及生产经营活动内部控制制度三类。

1. 会计资料内部控制制度

会计资料内部控制制度是以保证会计资料的正确性、真实性为目的的内部控制制度。控制的内容包括会计凭证、会计账簿、会计报表。制度还就会计核算方法、账务处理程序等方面作出了规定。账账、账证、账表、账实核对控制制度、会计人员岗位责任制度等都属于此类内部控制制度。

2. 财产物资内部控制制度

财产物质内部控制制度是以保护企业财产物资的完整性和安全性为目的的内部控制制度。其控制内容为流动资产、固定资产、无形资产、其他资产等。内部控制制度规定了各项财产物资的采购、验收、保管、使用、维修各个环节的职责、权限、手续和程序。材料、商品验收控制制度,产品、商品出入库控制制度,存货盘点控制制度,设备维修保养控制制度以及现金管理控制制度都属于此类内部控制制度。

3. 生产经营活动内部控制制度

生产经营活动内部控制制度是以保障生产经营活动的合法性和效益性为目的的内部控制制度。控制的内容为生产、经营活动。制度规定了生产、经营活动控制的方法以及所必须遵守的规范和程序。材料、商品采购控制制度,销售循环控制制度,生产循环控制制度等都属于此类内部控制制度。

(三) 按控制的方法划分

按控制的方法划分,企业内部控制制度可以分为预防性内部控制制度和保卫性内部控制制度两类。

1. 预防性内部控制制度

预防性内部控制制度是指一些防止差错和弊端行为发生而采取的方法、措施和程序,例如:钱货分离、钱账分离、出纳与会计分离、支票保管与支票印鉴保管分离、销货开票与收款分离等等,这些都是属于防患于未然的预防性内部控制制度。

2. 保卫性内部控制制度

保卫性内部控制制度是指在差错和弊端行为发生以后能够立即自动发出信号,并及时采取纠正或补救的方法、措施和程序。例如定期进行的财产清查、对账、结账、实物盘点以及人员轮换等等都属于此类内部控制制度。

二、企业内部控制制度的内容

企业内部控制制度是存在于生产经营和管理活动的各个环节之中的控制手段,内容很多,涉及面广。由于各个企业的业务性质不同,规模大小不一,内部控制制度的具体内容也有所不同。概括起来大致有以下一些主要内容。

(一)组织机构控制

组织机构的合理组合是搞好企业的重要内容之一。现代化企业必须根据规模大小,生产经营的性质、品种进行控制,建立一套自上而下统一的生产、经营指挥系统和内部各部门各科室之间相互配合、相互制约的组织网络,实行统一领导,分级管理,以达到机构精简、高效率、高效益的目标。

(二)合法、合规控制

合法、合规控制是内部控制制度的重要组成部分,对企业的每一项生产、经营和管理活动进行监督使之都合乎国家法律和法规的规定,确保企业经济活动合法、合理。例如《会计法》规定,一切会计凭证必须由会计部门审核、把关,对不合理的业务凭证,予以坚决抵制和揭露;《产品质量法》规定不允许生产伪劣产品。

(三)职务分离控制

职务分离控制,也称"不相容职务控制"。即对某些不相容的职务进行分离,分别由两个或两个以上的人员担任,以便相互核对,相互牵制,防止弊端。所谓不相容职务是指两项或两项以上不宜由一人担任的职务,如经管现金和银行存款的出纳职务与负责登记总账的会计职务,就属于不相容职务。如果将不相容职务集于一人办理,发生差错和弊端的可能性就会增加。一般来说,企业不相容职务主要表现在以下两方面,应加以控制和分离。

1. 授权者与执行者分离

企业的各项生产经营业务在处理全过程中,不能由一个人或一个部门单独处理,应将生产经营业务全过程划分为若干环节,分别由不同岗位或人员去处理。某项业务的授权者与该项业务的执行者应予分离;某项业务的执行者与该项业务的记录者应予分离;记录职务应与审核职务分离。例如,采购业务与采购合同的签订、审核要分开,经管钱财的与管账的要分开等等。

2. 财产物资的记录者与保管者分离

为保护企业财产物资的安全完整,保管财产物资职务与记录财产物资职务应予分离;保管财产物资职务与核对账实职务应予分离;登记总账职务与登记明细账职务和登记日记账职务应予分离;贵重物品仓库钥匙和保险柜钥匙的保管应予分离等等。

(四) 业务流程控制

业务流程控制是对企业有关生产、经营业务的处理程序加以规定,以使各项业务处理程序规范化。一般规定是将每一项业务活动划分为若干环节,如授权、主办、核准、执行、记录、复核等环节,使之有利于对业务活动的事前控制、事中控制和事后控制。业务流程控制可以用文字表述,也可以画成流程图,以便经办人员照章办事。下面以材料采购为例,用文字表述法简要表述如下:

某企业材料采购业务有如下的处理规定:

第一条 材料采购业务由采购部门或专职采购员办理。材料供应和生产部门需要进料时,应填具采购申请单,经主管批准后送采购部门或专职采购员办理。

第二条 材料采购应以质优价廉为标准。所购材料之价格,须经业务主管核准。如需购买大宗、巨额材料,应公开以投标方式决定其买价。

第三条 供货单位将材料送达时,应由专职收货员、验货员清点数量、检验质量,填具收料报告单,由收货员和验货员签章。

第四条 采购部门或专职采购员应以收料单与供货单位开出的发票相核对。如核对相符,送财会部门据以结算入账。

(五) 信息质量控制

信息质量控制是采用一定方法,保证企业生产、经营活动信息的正确、可靠、全面、及时和公允。反映生产、经营活动的最主要的信息资料是会计资料。因此控制会计资料的正确、可靠、全面、及时和公允是保证生产、经营活动信息质量的重要方面。为了控制会计信息的质量,规定对已完成的生产、经营活动记录要进行复查和核对,这是控制信息质量的主要方法。

复查、核对的方法有两种:一是将记录与所记的业务活动事实进行复查、核对;二是在记录与记录之间进行互相复查、核对。

复查、核对的内容主要包括:会计凭证与会计凭证之间(原始凭证与记账凭证之间);会计凭证与会计账簿之间(记账凭证与账簿记录之间);会计账簿与会计账簿之间(总分类账与明细分类账之间);会计账簿与会计报表之间(总分类账与明细分类账有关账户与会计报表之间);会计报表与会计报表之间(资产负债表与损益表、现金流量表之间)。通过复查、核对,能及时发现会计记录中的错误并及时进行纠正,达到账证、账账、账表相符,从而控制了会计资料的质量。

(六) 授权批准控制

企业业务繁杂,环节多,领导不可能事必躬亲包揽一切,因此必须将处理事务的权力进行划分,规定各级人员处理某些事务的权力,这就叫做授权批准控制。在授权批准控制的范围内,被授权者有权处理各种事务,未经批准授权,不得擅自处理有关事务。这样就将各项业务活动在开始之时就能得到控制。

授权有"一般授权"与"特定授权"两种。一般授权是指对各级工作人员经办常规业务的授权。企业的岗位责任制就是一般授权。特定授权是指对各级工作人员经办超出常规业务范围的授权。特定授权必须经过特别批准。授权控制是权与责的结合,使各级工作人员能够各在其位,各谋其政,做到人人有专职,事事有人管,从而对各项业务进行控制。

（七）人员素质控制

建立和健全企业内部控制制度,关键在于是否能够贯彻执行,执行后是否有效果。而执行效果的关键则在于实施内部控制制度人员的素质。这些人员的素质不好,再好的控制制度也是纸上谈兵,无济于事。因此对人员素质的控制是企业内部控制制度的重要内容之一。

人员素质主要包括:有良好的职业道德品质;有较强的业务能力,较高的专业知识水平和技能;能够接受继续教育和专业培训。

对人员素质的控制,企业除了要按上述要求选择人员外,还要采取一些方法、措施,对人员进行使用和培养。如经常对工作人员进行政治思想教育和职业道德教育;经常进行思想品质的考查和业务技术考核;经常开展业务技术培训等等。除此以外,还要对工作人员的职务进行定期轮换。职务轮换及人员交替的措施,实质上是一项检查工作人员工作,及时发现错弊的措施,它能促使工作人员在本职岗位上认真工作、廉洁奉公,以便在交接工作时能经得起检查。

（八）内部审计控制

内部审计控制是企业内部控制制度的重要组成部分。内部审计控制是在企业内部建立审计机构,配备专职人员,在企业主要负责人的领导下,对本企业及下属单位的财务收支、管理制度、生产经营活动的真实性、合法性、合理性和效益性进行审核检查;评价和监督企业是否履行经济责任;审查其生产、经营活动是否经济有效。并在此基础上,找出控制的薄弱环节,提出改善企业生产、经营管理的意见和建议,以进一步完善企业内部控制制度。

第三节 企业内部控制制度的审计

内部控制制度的审计是通过对被审计单位内部控制制度的检查、

测试和评价,确定审计抽查的重点、规模和方法的审计。内部控制制度的审计是现代审计的产物,最初的传统审计,主要是对会计凭证、会计账簿、会计报表等会计资料进行真实性、正确性、合法性审查。随着经济的发展,企业规模不断扩大,生产、经营活动日益繁多,内部结构越来越复杂,对管理的要求越来越高,反映企业业务活动的经济资料也越来越多,进行全面审查,其工作量大,困难也多,因此就发展为制度基础审计,即在评价、测试内部控制制度的适用性、有效性基础上,对财务信息的真实性、可能性进行抽样审查及判断,并据以做出结论。这样既扩大了审计范围,又能节省时间。

一、企业内部控制制度审计的内容

企业内部控制制度审计的内容主要是从内部控制制度的健全性和有效性两方面进行的。

1. 内部控制制度的健全性

对内部控制制度的健全性进行审计主要是从总体角度看被审计单位的各项内部控制制度是否健全,关键环节是否都建立了强有力的内部控制制度,还存在什么薄弱环节,手续是否严密,设计的措施和方法能否起到事先控制作用。一般来说,健全的内部控制制度能防止差错和弊端的发生,即使发生了差错或弊端,也能及时发现并予以纠正。内部控制制度健全性的审计内容主要有以下几个方面:

(1) 审查其有无健全的生产、经营、管理系统的机构;有无明确的分工。不相容职务是否分离。

(2) 审查其有无健全的生产、经营、管理控制方法和严格的业务凭证流转程序。

(3) 审查其有无健全的会计信息及其他经济信息的记录、传递程序和报告制度。

(4) 被审计单位的人事控制中是否规定有关人员必须具备的知识水平、业务能力的条件;有无职务定期轮换和培训制度。

(5)审查其有无财产物资管理制度;财务物资是否定期进行盘点并核对记录。

(6)审查其是否建立了生产、经营责任制度和岗位责任制度;有无奖励、惩罚办法。

(7)审查其有无内部审计制度;能否起到查错、揭弊、发现监督的作用。

(8)审查其是否有与上年内部控制制度执行情况进行对比的措施;有否改进和提高。

2. 内部控制制度的有效性

内部控制制度有效性的审计内容主要是:检查各项内部控制制度的执行结果;观察内部控制制度是否得到良好的贯彻执行和达到预定的控制目标。如果被审计单位的内部控制制度只是写在纸上而没有落实到行动上,就不可能取得良好的效果。因此对被审计单位的内部控制制度的评审关键在于看它是否在起作用,是否严格执行。这种评审工作可以通过符合性测试来进行。一般采用抽样审计的方法,先从内部控制制度所规定的业务中抽查一部分凭证或记录,然后对抽查的结果进行分析、评价,以确定抽查中出现的问题是偶然发生的,还是由于内部控制制度存在薄弱环节所致。抽查比例可以根据执行业务次数的多少而定。

二、企业内部控制制度的表述

审计人员对被审计单位的内部控制制度进行审查和评价,首先要对内部控制制度进行表述,这是审查和评价的前提。

所谓对内部控制制度的表述,就是按照一定的方法,把内部控制制度以书面形式反映出来。即在掌握被审计单位的生产、销售、进货等业务处理过程的内部控制制度以后,用适当的方法将之表述出来,以供日后查考运用。通过表述可以全面反映企业内部控制制度的状况,便于审计人员判断企业业务处理过程是否合理,是否安全。

表述内部控制制度的方法通常有文字表述法、调查表法和流程图法。

1. 文字表述法

文字表述法是指审计人员对被审计单位的内部控制制度的健全与否和执行情况以简洁的文字表达出来的一种方法。用文字表述法进行表述,先要向被审计单位及有关人员询问一些问题。例如,经济业务发生后,原始凭证从何处取得,由哪个部门填制,填制什么凭证,凭证联次及各联凭证的传递程序如何,由什么部门办理审批手续,如何处理这些凭证,编制什么会计分录,如何登账、制表等等。了解了这些情况以后,审计人员经过实地调查,整理成文字以说明被审计单位的内部控制制度的真实情况。

现以某企业进货业务的内部控制制度为例,用文字说明如下:

进货前由进货部门编制一式二联进货计划,经经理批准后第一联留存,第二联作为与供货单位签订合同的依据。进货时,由进货员填制一式五联进货单,第一联由进货员留存备查,第二联交供货单位送货,第三联作为货物入库验收及记账凭证,第四联由供货单位连同发票交财会部门办理付款手续,第五联作为财会部门记账凭证。

文字表述法用于被审计单位内部控制的任何环节,都能作较为具体的表述,而且适用于各种类型和规模的企业,特别对内部控制程序比较简单的小型企业更为适用。但文字表述常失于冗长,对一些细节的表述有时会词不达意,从而给内部控制制度的评价带来不便。

2. 调查表法

调查表法是由审计人员根据不同业务对内部控制制度的要求,采用调查表等表格形式,通过征询方式向有关人员进行调查内部控制制度的情况,由审计人员根据回收的问卷进行综合分析、全面评价的一种表述方法。调查表一般采用问答式,调查表中将调查项目分设"是"、"否"或"有"、"无"、"不适合"、"备注"等栏。现将销售与收款循环的内部控制制度问卷格式分别举例如下(见图表 4-1、4-2):

图表 4-1

销售与收款循环内控问卷

调 查 项 目	是	否	不适合	备注
1. 所有的销货行为是否都签订合同并经主管核准?				
2. 签订合同前对客户信用是否经过审批?				
3. 产品的单价、销货折扣的制定和调整是否经过授权并经审核批准?				
4. 销货发票是否以审核后的销售合同作为依据?				
5. 发票是否按顺序号填制签发?				
6. 所有的销货发票是否都开出提货单并交给客户?				
7. 提货单是否经客户签字确认?				
8. 发货前是否核准客户付款?				
9. 发货时是否核对发票和装箱单?				
10. 是否根据提货单及发票的入账联登记销货日记账?				
11. 销货退回是否经过审核批准?				
12. 销货退回是否开出红字发票和产品入库单?				
13. 退货是否在检验入库后退款?				
14. 应收账款是否有核对、催收制度?				
15. 坏账损失的处理是否经授权批准?				

复核人　　　　日期　　　　　　调查人　　　　日期

结论:1. 经内控问卷和简易测试后,认为销售循环的内控制度的可信赖程度为:

　　　　　　高( )　　中( )　　低( )

　　2. 销货循环是否需进一步作符合性测试:

　　　　　　是( )　　否( )

图表 4-2

内部控制制度调查表　　　　　　　索引号

调查项目	有无内部管理制度	
	有	无
会计人员岗位责任制度		
会计凭证审核制度		
会计账簿登记制度		
会计报表复核制度		
会计人员调动交接制度		
各种经济合同保管制度		
货币资金管理制度		
固定资产管理制度		
物资采购、收发领退制度		
产成品入库发送制度		
低值易耗品管理制度		
应收账款催收制度		
财产物资盘盈盘亏审批制度		
成本结算管理制度		

填表人　　　日期　　　审核人　　　日期　　　复核人　　　日期

调查表能对所调查的对象提供一个简括的说明,有利于审计人员分析评价,而且省时省力,但由于调查表是按项目分别考查,往往不能提供一个完整的看法。

3. 流程图法

流程图法是采用一定的符号,通过业务流程线,将业务处理程序和凭证的流转过程进行联结,用图解的形式并辅之以简单文字说明,将内部控制制度的情况描述出来的一种表述方法。采用流程图法,必须事先确定图形符号。流程图应简单明了,能表达内部控制的特征,但需要有熟练的技术和较多的时间,有些环节难以在图上描述,不能达意。在描述流程图时需要注意以下各点:

(1) 业务流程经过部门必须标明部门名称;

(2) 流程图应多用符号,少用文字说明;

(3) 注明各种凭证、账簿、报表的名称、份数及其归档情况;

(4) 标明各项业务的关键控制点和核对情况。

现以某公司商品收发业务手续和程序举例如下(见图表 4-3):

图表 4-3

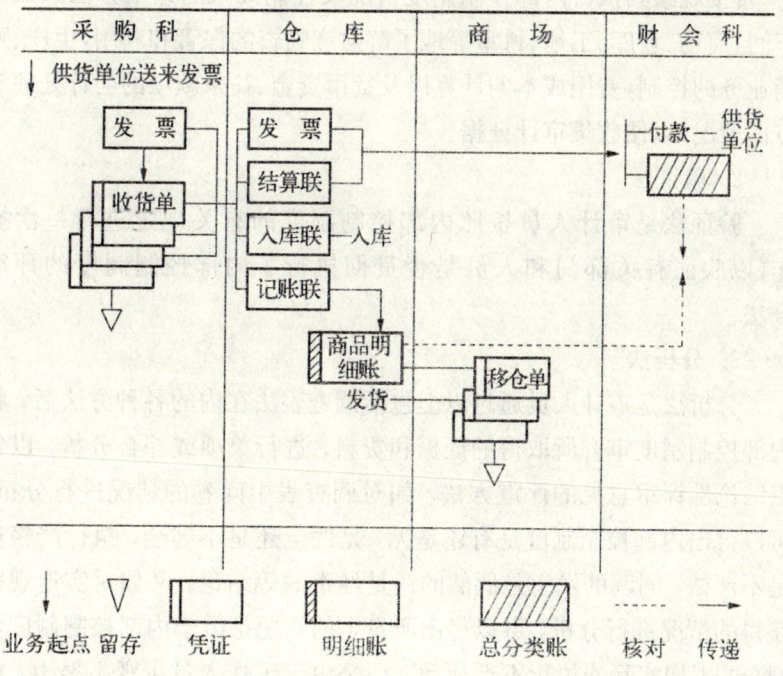

该公司设有商场、仓库。商场向仓库取货,仓库负责商品收、发、保

管工作并登记商品明细账。

仓库收货时,根据采购科开出的收货单的收货联和记账联以及供货单位送来的商品办理入库手续。仓库保管员根据收货联收货,清点数量、检查质量;仓库记账员根据记账联登记商品明细账。供货单位将结算联及开出的发票交财会科办理付款手续,并登记总分类账。仓库的商品明细账应定期与财会科总分类账进行核对。

三、内部控制制度的评审方法

对内部控制制度的评审,除调查表法外一般还采用以下几种方法。

1. 观察法

观察法是审计人员根据抽查样本到现场实地了解有关业务处理程序,直接观察其执行内部控制制度情况及控制效果的评审方法。如到车间、商场、仓库、工地、科室等地了解财产物资的保管和利用,生产、购销业务的控制,费用成本的计算以及货币资金、往来款项的会计处理等方面情况,以便收集审计证据。

2. 验证法

验证法是审计人员按照内部控制制度的有关规定进行一次操作,以验证有关部门和人员是否贯彻执行了内部控制制度的评审方法。

3. 分析法

分析法是审计人员通过以上包括调查表法在内的各种方法后,将内部控制制度审查所取得的证据和资料,进行单项或综合分析,以作出结论性评审意见的评审方法。如对调查表中问卷的情况进行分析,可以得出内部控制制度是有还是无,是健全还是不健全,执行严格还是不严格,问题的发生是偶然的还是经常的等结论。又如对实地观察获得的情况进行分析,可以得出所发生的问题是由于内部控制制度不健全、不切实际或执行不严所致,还是由于工作人员主观不努力,或是受客观原因的影响所致的结论。

第四章 企业内部控制制度的审计

复习思考题

1. 什么是企业内部控制制度?它具有什么作用?
2. 内部控制制度是如何分类的?
3. 内部控制制度的主要内容包括哪几方面?
4. 怎样对内部控制制度进行评审?评审的方法有哪几种?
5. 内部控制制度的表述方法有哪几种?

和
第五章

财务报表审计

学习目标 本章主要阐述财务报表审计的目的、范围、方法和内容,以及主要财务报表审计的技术。通过学习,要求了解财务报表审计的目的和范围,明确财务报表审计的内容和方法,掌握主要财务报表审计技术方面的知识。

财务报表是指企业对外提供的反映企业某一特定日期财务状况和某一会计期间经营成果的书面报告。它是根据企业的会计记录资料综合汇总编制而成的。

财务报表是财务会计报告的重要组成部分。财务会计报告包括财务报表、财务报表附注。

企业编制并公布财务报表主要是为企业管理当局、投资者、债权人以及政府有关机关等会计信息使用者提供投资及管理决策的依据。

通过财务报表,可以为企业经营管理者充分估计当前财务状况,评价各种投资机会以及各种资产的投资收益和管理效率,编制未来财务计划,以便有效地进行计划和控制;通过财务报表,可以为企业外部不同投资者提供企业经营成果和财务状况各方面较为详细的、有可比性的财务会计资料,从而有利于作出正确决策;通过财务报表,债权人可以评估企业的长短期偿债能力。因此,为了提高会计信息使用者对财务报表的信任程度,就必须对财务报表进行审查鉴证以确认其正确性。

第一节 财务报表审计的目标和范围

一、财务报表审计的目标

随着我国经济改革的深入,企业的所有者与经营者逐步分离,经营者负责企业全部经营管理工作,所有者不直接干预企业经营管理。在一个经营期内,企业的财务状况怎样,经营成果如何,拥有多少资产,对外承担多少负债,这些都是企业所有者和债权人十分关注的会计信息。这些会计信息的提供必须依赖于财务报表。因此,对财务报表的真实性、正确性、合规性、合法性的审查显得十分重要。

按照我国国情并参照国际上通行的做法,我国现行法规和制度规定了股份制企业、外商投资企业和部分国有、民营企业的年度财务报表应委托民间审计的组织进行审计,并出具审计报告。只有经过审计的财务报表连同审计报告才能对外报送;与此同时,还要求国有企业也逐步按此规定实行。因此,企业财务报表的审计就成为民间审计的一项基本业务。财务报表审计,属于鉴证业务,审计人员要对企业财务报表是否公允地反映企业其经营成果和现金流量发表审计意见,为企业各方面的利害关系人提供一份真实、可靠,可以信任并能赖以作出正确决策的财务报表。因此,审计人员审计财务报表的目标主要是就以下两个方面发表意见:

第一,被审计单位财务报表的编制是否符合《企业会计准则》和相关会计制度及国家其他有关财务会计法规的规定。

第二,被审计单位财务报表在所有重大方面是否公允地反映了其财务状况、经营成果和资金变动情况。

二、财务报表的审计范围

财务报表的审计范围是指为实现财务报表审计目标,审计人员根据审计准则和职业判断实施的恰当的审计程序的总和。

财务报表的审计范围一般包括两个方面:一是财务报表在报告期(日)以内的有关事项;二是与财务报表有关并可能影响审计人员作出专业判断的所有方面。

财务报表审计可以从以下四个方面进行:

第一,审查财务报表的合规性。主要审查财务报表列报是否规范,是否符合《企业会计准则》及国家有关法规、制度的规定。报表种类、格式是否规范,项目和指标是否填写齐全,企业负责人、财会主管是否签章认可。

第二,审查财务报表的真实性。主要审查财务报表所反映的内容和数据是否真实,与财产物资是否相符,债权、债务是否确实。

第三,审查财务报表的合法性。主要审查财务报表所反映的企业经营活动和财务收支是否遵守国家有关法规及财经制度的规定,在会计处理方法上是否符合会计信息质量要求。

第四,审查财务报表的效益性。主要对财务报表所反映的企业经营成果、财务状况及经济效益情况作出客观公正的评价。

第二节 财务报表审计的方法、程序和内容

一、财务报表审计的方法

审计人员在财务报表审计过程中一般采用审计抽样方法,也可采用逐项审查方法,通过检查、监盘、观察、查询函证、计算、分析性复核等方法以取得形成审计意见的确实证据。

审计人员在采用审计抽样方法时,应根据企业规模大小,企业

内部控制制度的健全程度,从总体中选取一定数量的样本进行测试。审计人员对样本的选取应慎重考虑因抽样而引起的抽样风险及其他因素引起的非抽样风险,并根据测试结果推断总体特征,以确定证据是否足以证实审计对象总体的特征。如果审计人员推断的总体误差超过或接近可容忍误差时,应考虑增加样本量或执行替代审计程序。

二、财务报表审计的程序

审查财务报表一般按以下程序进行。

(一) 了解被审计单位基本情况

审计人员在接受委托单位审计项目前,先要根据项目要求调查被审计单位的基本情况,包括企业的业务性质、经营规模、组织机构、人员分工、会计制度、核算程序、内部控制制度以及有关协议、合同及董事会会议记录等方面的情况。

(二) 审查会计资料

审计人员进驻被审计单位,开始对财务报表进行审计,首先要审查会计资料(包括财务报表和会计账簿)的正确性和真实性,看其是否符合《企业会计准则》及有关财会法规制度的规定;审查财务报表与账簿记录之间,总分类账与明细分类账之间的余额是否相符。

(三) 评价企业管理制度

审计人员在财务报表审计过程中,应审查企业以内部控制制度为主的各项管理制度,包括会计制度、内部审计制度、内部稽核制度,会计核算方法、账务处理程序、财务收支制度、财产管理制度等的执行情况,并评价其有效程度。

(四) 收集审计证据、编制审计工作底稿

审计证据是审计人员形成审计意见的重要资料。在财务报表审计过程中,审计人员要做好详细记录并加以汇总、整理,形成审计工作底稿。

(五) 编写审计报告

审计人员在完成约定的财务报表审计,实施了必要的审计程序后,要根据经过核实的审计证据,形成审计意见,出具审计报告。

三、财务报表审计的内容

近几年来,我国经济改革不断深入,原有的财务报表体系正在向国际通用财务报表体系靠拢。目前我国企业对外报道的财务报表主要是资产负债表、利润表、现金流量表和所有者权益变动表。资产负债表反映的是企业会计期末的资产负债和所有者权益;利润表反映的是企业会计期间的经营成果;现金流量表反映的是企业会计期间现金及现金等价物流入和流出以及现金净流量的情况;所有者权益变动表反映的是所有者权益各个部分当期增减变动情况。四者互相联系,互为补充,形成一个完整的财务报表体系。因此,财务报表审计的内容主要是采用逆查法,从审计这一财务报表体系入手,对有关项目的账簿记录及会计凭证进行审查,并对审查结果作出评价。由于财务报表所反映的期间不同,其具体审计内容又可分为年度财务报表审计、中期财务报表审计及清算报表审计。

(一) 年度财务报表审计

年度财务报表是企业按会计制度要求编报的资产负债表、利润表、现金流量表和所有者权益变动表,审计人员对年度财务报表的审计主要是对其反映的企业财务状况、经营成果及资金变动情况的公允性、合法性进行审计,并对审计结果作出评价,提出审计报告。

(二) 中期财务报表审计

中期财务报表是有价证券在市场上流通的股份制企业和发行债券的企业,按证券交易法规规定编制的中期资产负债表和中期利润表。审计人员对中期财务报表的审计,主要是对其所反映的财务状况和经营成果的公允性、合法性进行审计,提出中期财务报表审计报告。中期财务报表审计报告对外具有法律效力。

(三) 企业清算财务报表审计

企业清算财务报表是企业按照法律、法规和企业章程规定宣告解散、破产或因其他原因不能继续经营,经批准进行清算所编制的自年初至解散日宣布清算开始的资产负债表和利润表以及清算结束时的资产负债表和利润表。清算财务报表经审计后,可作为企业清算和分配企业剩余财产的合法依据。

四、财务报表附注的审计

财务报表附注是财务报表的重要组成部分,企业应当按照规定披露附注信息。审查财务报表附注,主要是对其所披露的信息内容的真实、完整进行审计,其内容包括:

(1) 企业的基本情况。
(2) 财务报表的编制基础。
(3) 企业财务状况、经营成果和现金流量等有关信息的真实、全面。
(4) 重要的会计政策和会计估计以及差错更正的说明。
(5) 财务报表的重要项目按排列顺序披露,明细金额合计是否与财务报表有关项目的金额相衔接。如资产负债表中的应收款项、存货、交易性金融资产、长期股权投资、固定资产、无形资产、资产减值准备、职工薪酬、应交税费、短期借款、长期借款;利润表中的营业收入、投资收益、营业外收入和支出、所得税费用等主要项目。

第三节 资产负债表的审计

资产负债表是反映企业在某一特定日期财务状况的报表。它反映了企业的资产构成,负债情况及净资产的权益等方面的内容。对资产负债表的审计应重点审查它的编制技术和内容的公允性、合法性、合理性、正确性和真实性。具体可从以下几方面进行。

一、对资产负债表编制技术的审查

对资产负债表的审计首先要对资产负债表编制技术的正确性、完整性进行审查。表式如图表 5-1 所示。通过审查,找出不正常现象以进一步确立审计的重点。具体审查步骤如下:

首先,根据《企业会计准则》、《企业会计制度》审查资产负债表内填列的内容是否完整,包括项目填写是否齐全,有无漏项、错行、错格,填报时间是否准确,企业负责人、会计主管是否签章认可等。

其次,根据"资产=负债+所有者权益"的平衡原理,审查资产负债表内的小计数、合计数是否正确,资产总额与负债、所有者权益合计是否平衡,有无虚假平衡的现象。

最后,根据表表之间的勾稽关系,审查资产负债表内的有关项目与利润表、现金流量表及其他报表的有关项目是否一致。例如资产负债表中的"未分配利润"与利润分配表中的"未分配利润"是否一致,资产负债表内的"货币资金"、"其他货币资金"与现金及现金等价物各项目的年末数减年初数,是否与现金流量表内的"现金及现金等价物净增加额"项目相一致等等。

图表 5-1

资 产 负 债 表

会企 01 表

编制单位:　　　　　　___年___月___日　　　　　　单位:元

资　　产	期末余额	年初余额	负债和所有者权益 (或股东权益)	期末余额	年初余额
流动资产:			流动负债:		
货币资金			短期借款		
交易性金融资产			交易性金融负债		
应收票据			应付票据		
应收账款			应付账款		
预付款项			预收款项		

(续表)

资　产	期末余额	年初余额	负债和所有者权益（或股东权益）	期末余额	年初余额
应收利息			应付职工薪酬		
应收股利			应交税费		
其他应收款			应付利息		
存货			应付股利		
一年内到期的非流动资产			其他应付款		
其他流动资产			一年内到期的非流动负债		
流动资产合计			其他流动负债		
非流动资产：			流动负债合计		
可供出售金融资产			非流动负债：		
持有至到期投资			长期借款		
长期应收款			应付债券		
长期股权投资			长期应付款		
投资性房地产			专项应付款		
固定资产			预计负债		
在建工程			递延所得税负债		
工程物资			其他非流动负债		
固定资产清理			非流动负债合计		
生产性生物资产			负债合计		
油气资产			所有者权益(或股东权益)：		
无形资产			实收资本(或股本)		
开发支出			资本公积		
商誉			减：库存股		
长期待摊费用			盈余公积		
递延所得税资产			未分配利润		
其他非流动资产			所有者权益(或股东权益)合计		
非流动资产合计					
资产总计			负债和所有者权益(或股东权益)总计		

二、对资产负债表重点项目的审查

在审查资产负债表编制技术的基础上,对资产负债表中某些重点项目的真实性、合法性作进一步审查。通过账证核对,账表核对,查明账簿记录的公允性和正确性;通过审阅、盘点、函证等方法查明会计凭证所反映的经济事项的真实性、合法性和合理性。例如,在审查资产项目时,查明银行存款是否及时对账,应收账款是否过多,存货是否积压,固定资产是否充分利用,已完工在建工程是否及时转账,无形资产是否合理,摊销是否正常等等。又如,在审查负债及所有者权益项目时,查明长、短期借款数额是否过大,利息是否正常,应付账款是否合理,应付福利费提取是否合规,有无欠交财政税款,所有者权益与负债数额的比率是否合理等等,以便作出正确评价。具体审计要求详见以后各章。

三、对资产负债表所反映的企业财务状况进行评价

通过对资产负债表的编制技术和重点项目的审查,在初步了解企业财务状况的基础上,进一步研究分析资产负债表所反映的资产、负债、所有者权益之间的比率关系,以便对企业财务状况的合理程度作出正确的评价。其计算分析指标主要有以下几种。

(一)负债比率

负债比率是企业负债总额与资产总额之间的比率。其计算公式为:

$$负债比率 = 负债总额 \div 资产总额$$

这个指标表明,在企业全部运用资金中有多少是由债权人提供的。它反映了企业对债权人权益的保障程度和企业的偿债能力。一般说来,企业的负债比率不宜过高,以不超过50%为宜。负债比率过高,说明企业在靠债权人提供的资金维持生产经营,风险较大。

（二）所有者权益比率

所有者权益比率又称自有资本比率，是企业的自有资本与资产总额之间的比率。其计算公式为：

$$所有者权益比率 = 所有者权益 \div 资产总额$$

这个指标表明，在企业全部运用资金中有多少是由投资者提供的。它反映了企业资本结构的合理性和安全性，所有者权益比率不宜过低，一般应高于50%。比率越高，说明投资者对企业的控制权越巩固，债权人的权益也越有保障。

（三）资本负债比率

资本负债比率是企业负债总额与所有者权益之间的比率。其计算公式为：

$$资本负债比率 = 负债总额 \div 所有者权益$$

这个指标表明企业资本结构的巩固与债权人利益的保障程度。资本负债比率高，表示企业偿债能力强；反之，则说明企业总资本中借入资本较多，对债权人利益保障程度较弱。但具体分析时要结合其他因素进行评价。

（四）流动比率

流动比率又称营运资金比率，是企业流动资产与流动负债之间的比率。其计算公式为：

$$流动比率 = 流动资产 \div 流动负债$$

这个指标表明企业的短期偿债能力。一般说来，流动比率高，偿债能力强；反之，则弱。国际上认为流动比率一般以保持在2左右为宜，即流动资产与流动负债是2与1之比。当然这也不是绝对的，因为不同行业的经营性质不同，营业周期不同，即使同一企业也有淡季、旺季之分，不能一概而论。

(五) 速动比率

速动比率又称酸性测试比率,是企业的流动资产减去存货的差额与流动负债的比率。其计算公式为:

$$速动比率 = 速动资产 \div 流动负债$$

速动资产是不包括存货在内的流动资产。这个指标是衡量企业流动资产中可立即用于偿还流动负债的能力。因为存货变现时间长,而且可能存在冷背积压产品(商品),所以它的变现能力很低。根据传统经验,速动比率以1:1为安全边际,一般应大于1,偿债资金就较充分。当然也不是绝对的,分析时还要结合其他因素,如应收账款是否有隐藏未冲销的坏账以及其周转率的快慢如何等,以便作出正确评价。

除了上述几个主要计算分析指标以外,还有流动资产周转率、存货周转率、应收账款周转率、营运资金周转率等,也都是评价企业财务状况的依据。因此在审查资产负债表所反映的财务状况时,要利用各种指标结合其他资料,才能对被审计单位的财务状况作出全面、客观、较为正确的评价。

第四节 利润表的审计

利润表是反映企业在某一会计期间的经营成果的财务报表。它是衡量企业盈利水平、获利能力、管理成效的主要依据。对利润表的审计,要结合其附表利润分配表一并审查,主要审查其编制技术和结构内容是否公允、合法、真实、正确和合理。具体可从以下几方面进行:

一、对利润表编制技术的审查

对利润表编制技术的审查,主要是对利润表编制技术的合法性、公允性、正确性、完整性进行审查。表式如图表5-2所示。

图表 5-2

利 润 表

会企 02 表

编制单位： 　　　　　年　　月　　　　　单位：元

项　　目	本期金额	上期金额
一、营业收入		
减：营业成本		
营业税金及附加		
销售费用		
管理费用		
财务费用		
资产减值损失		
加：公允价值变动收益（损失以"－"号填列）		
投资收益（损失以"－"号填列）		
其中：对联营企业和合营企业的投资收益		
二、营业利润（亏损以"－"号填列）		
加：营业外收入		
减：营业外支出		
其中：非流动资产处置损失		
三、利润总额（亏损总额以"－"号填列）		
减：所得税费用		
四、净利润（净亏损以"－"号填列）		
五、每股收益：		
（一）基本每股收益		
（二）稀释每股收益		

首先，应根据会计制度的规定，审查利润表内的应填项目是否填写齐全，有无漏行、错行，内容是否完整，时间是否准确，企业负责人、会计主管是否签章认可，以保证损益表的公允性和正确性。

其次，应根据计算利润的公式审查利润表内有关数字的正确性。利润表的编制是多步式的。其计算公式分别为：

$$营业利润 = 营业收入 - 营业成本 - 营业税金及附加$$

$$- 销售费用 - 管理费用 - 财务费用 - 资产减值损失 + 投资收益$$

$$利润总额 = 营业利润 + 营业外收入 - 营业外支出$$

$$净利润 = 利润总额 - 所得税费用$$

二、对利润表主要项目的审查

在审查利润表编制技术的基础上，再进一步对其内容的真实性进行审查。

首先，根据账表一致的原则，审查利润表各项目的本年累计数与其附表及其他报表的相关项目数字是否一致。例如，利润表各项目的本年数与损益类各账户的本年发生额是否相符；又如，利润表中的营业收入、营业成本、销售费用、营业税金及附加以及期间费用等项目的本年数与利润项目的相关资料是否相符。

其次，根据制度规定，审查利润分配数是否正确、合规、合理。例如，是否按规定比例提取公积金，是否按规定缴纳所得税及计算应付股利。具体审计要求详见以后各章。

三、对利润表反映的企业经营成果进行评价

通过对利润表的编制技术和内容项目的审查，在初步了解被审计单位经营成果的基础上，进一步从各个角度研究分析企业的获利能力，

以便对企业的经营成果和经济效益作出正确的评价。其计算分析指标有:

(一)营业利润率

营业利润是主营业务收入加其他业务收入,减去主营业务成本、其他业务成本、营业税金及附加和期间费用等项目以后的差额。营业利润率是营业利润与营业收入的比率。其计算公式为:

$$营业利润率 = 营业利润 \div 营业收入$$

营业利润率的基础是营业收入,它反映了企业业务利润的情况,是构成利润的基础。其比率越高,说明企业获利能力越强;反之,则差。

(二)净利润率

净利润率是利润净额与主营业务收入的比率。其计算公式为:

$$净利润率 = 利润净额 \div 主营业务收入$$

净利润率反映了企业最终体现的获利水平。其比率越高,说明企业获利能力越强,经济效果越好。

(三)资产报酬率

资产报酬率又称资产收益率。它是以投资报酬为基础来分析企业获利能力的指标,反映了企业运用全部资本所带来的收益。其计算公式为:

$$资产报酬率 = (税前利润 + 利息支出) \div 资产平均总额$$

资产报酬率计算公式中的利息支出,是指企业购置全部资产的资金来源(包括自有资本和借入资本两部分)中借入资本需要支付的利息。它是企业的一笔费用支出,但它又是来源于举债资金经营所创造的利润,所以应作为利润的一部分加计进去。

资产报酬率能综合反映企业的获利能力。它既能反映资产周转速度,又能反映利润水平,是销售利润率和资产周转率两个指标的综合。因此用它分析评价企业的获利能力和经济效益是有效的。这个指标越高,说明企业经营成果和经济效果越好。

(四) 资本收益率

资本收益率又称投资报酬率。是税后利润与所有者权益的比率，并且也是以投资报酬作为基础来分析企业获利能力的一项指标。它反映了投资者的投入资本所获得的利润。其计算公式为：

$$资本收益率 = 税后利润额 \div 所有者权益$$

资本收益率高，利润就多，资本利用效果就好。

除了上述几个分析企业获利能力的指标以外，还可以结合成本费用率、人均创利率等指标综合进行分析，对被审计单位的经营成果及经济效益作出恰当的评价。

第五节 现金流量表的审计

现金流量表是反映企业在一定会计期间的现金和现金等价物的流入和流出的财务报表。它是自 1998 年 1 月开始，由财务状况变动表改编而成的一张重要报表。现金流量表能弥补财务状况变动表的不足，提供一定时期企业经营活动所得的现金，揭示所得现金和企业净利润的关系，评价企业未来的财务弹性。由于现金流量表是根据资产负债表和利润表及有关附表和账簿记录资料编制而成的，因此对现金流量表的审计是在资产负债表和利润表及有关附表审计的基础上进行的，其重点也是对它的编制技术及内容、结构的合法性、公允性、真实性和合理性进行审查。

一、对现金流量表编制技术的审查

首先，根据会计制度关于编制报表的规定，对现金流量表内的项目填制的完整性、正确性、合规性进行审查。审查表内的项目是否填写齐全，有否错漏，内容是否完整，企业负责人、会计主管是否签章认可，各项目的数字是否正确、真实。表式如图表 5-3 所示。

图表 5-3

现 金 流 量 表

会企 03 表

编制单位： 　　　　　年　月　　　　　单位：元

项　　目	本期金额	上期金额
一、经营活动产生的现金流量：		
销售商品、提供劳务收到的现金		
收到的税费返还		
收到其他与经营活动有关的现金		
经营活动现金流入小计		
购买商品、接受劳务支付的现金		
支付给职工以及为职工支付的现金		
支付的各项税费		
支付其他与经营活动有关的现金		
经营活动现金流出小计		
经营活动产生的现金流量净额		
二、投资活动产生的现金流量：		
收回投资收到的现金		
取得投资收益收到的现金		
处置固定资产、无形资产和其他长期资产收回的现金净额		
处置子公司及其他营业单位收到的现金净额		
收到其他与投资活动有关的现金		
投资活动现金流入小计		
购建固定资产、无形资产和其他长期资产支付的现金		
投资支付的现金		
取得子公司及其他营业单位支付的现金净额		

(续表)

项　　　　目	本期金额	上期金额
支付其他与投资活动有关的现金		
投资活动现金流出小计		
投资活动产生的现金流量净额		
三、筹资活动产生的现金流量：		
吸收投资收到的现金		
取得借款收到的现金		
收到其他与筹资活动有关的现金		
筹资活动现金流入小计		
偿还债务支付的现金		
分配股利、利润或偿付利息支付的现金		
支付其他与筹资活动有关的现金		
筹资活动现金流出小计		
筹资活动产生的现金流量净额		
四、汇率变动对现金及现金等价物的影响		
五、现金及现金等价物净增加额		
加：期初现金及现金等价物余额		
六、期末现金及现金等价物余额		

　　其次,根据表内、表外有关数据的勾稽关系,审查数字的正确性。

　　核对表内数据的勾稽关系包括:核对各小计项目和净额项目的数字,是否加减正确。如各项现金流入小计和各项现金流出小计相抵差额与现金流量净额是否相等;经营活动产生的现金流量净额、投资活动产生的现金流量净额和筹资活动产生的现金流量净额三项相加是否与现金及现金等价物净增加额相等。

　　核对表内数据的勾稽关系还包括:报表补充资料中"现金及现金等

价物净增加额"的数额与现金流量表最后一项"现金及现金等价物净增加额"的数额是否相等。

核对表外与其他报表之间的勾稽关系包括：补充资料的"净利润"数额与利润表中"净利润"数额是否相等。现金及现金等价物净增加额与资产负债表内的货币资金、其他货币资金以及现金等价物的期末余额与期初余额比较的数额是否相等。

二、对现金流量表重点项目内容的审查

在现金流量表编制技术审查的基础上，进一步对表内重点项目的内容进行审查。现金流量表的内容很多，要通过账表核对，逐项顺序进行审查，以确认其真实性和可靠性。

（一）经营活动产生现金流量的审查核对

企业的经营活动主要是销售商品、提供劳务、税费返回、经营性租赁、购买商品、接受劳务、支付工资、交纳税款等方面的现金流入和流出。对企业经营活动产生现金流量的审查核对主要是：审查核对"销售商品、提供劳务收到的现金"的数额是否按"应收账款"、"应收票据"、"预收账款"、"主营业务收入"、"其他业务收入"等账户有关现金收入的记录分析填列；审查核对"购买商品、接受劳务支付的现金"的数额是否按"材料采购"、"原材料"、"应付账款"、"应付票据"等账户有关现金支出的记录分析填列等等。

（二）投资活动产生的现金流量的审查核对

企业的投资活动主要是固定资产、在建工程、无形资产和其他资产的购建和处置及取得和收回投资等方面的现金流入和流出。对投资活动产生的现金流量的审查核对主要是：审查核对"收回投资所收到的现金"的数额是否按"交易性金融资产"、"长期股权投资"等账户有关收回投资现金收入的记录分析填列；审查核对"取得投资收益所收到的现金"的数额是否按"应收股利"、"投资收益"账户中有关股权性投资以及从其他单位分回的利润的现金收入分析填列；审查核对"购建固定资

产、无形资产和其他长期资产所支付的现金"的数额是否按"固定资产"、"无形资产"、"在建工程"等账户有关现金支出的记录分析填列等等。

（三）筹资活动产生的现金流量的审查核对

企业的筹资活动是导致企业资本及负债规模和构成发生变化的活动。它主要是吸收投资、发行股票、分配利润等方面的现金流入和流出，对筹资活动产生的现金流量的审查核对主要是：审查核对"吸收投资所收到的现金"的数额是否按"实收资本"、"资本公积"等账户有关发行股票实际收到的股款净额（发行收入减去支付的佣金等发行费用）的现金收入分析填列；审查核对"借款所收到的现金"和"偿还债务所支付的现金"的数额是否按"短期借款"、"长期借款"等账户有关向银行或金融机构借入和偿还的现金分析填列；审查核对"分配股利利润或偿付利息所支付的现金"的数额是否按"应付股利"账户有关实际支付的现金股利和支付给其他单位的利润以及债券利息、借款利息等现金支出分析填列等等。

三、对现金流量表反映的现金流动信息进行评价

现金流量表是反映企业现金流量的动态的会计报表。通过对企业现金和现金等价物流入和流出的用途分析，可以为企业提供报告期内的现金流量变动的全貌、现金流动的原因以及导致变动的重大财务事项，从而评价被审计单位现金收入和支出的合理性、有效性，为企业加强经营管理提供信息。

（一）评价企业的生存和发展能力

企业的资金使用效率在很大程度上决定着企业的生存和发展，通过对企业现金流量的审查分析，可以了解企业现金流动的信息，分析企业合理使用资金状况，从而对企业的生存和发展能力作出评价。

（二）评价企业财务状况

通过对企业现金和现金等价物流入和流出与资产负债状况和利润

状况进行综合审查分析,可以了解企业现金的来源和运用状况,以及经营所得现金与净利润的关系,了解有无企业盈利而无足够现金支付工资和偿还债务情况,或者企业亏损却有足够资金用于支付工资和偿还债务情况,从而对企业财务状况发展前途、潜在风险进行综合评价。

(三) 评价企业理财能力

通过对企业现金流量的分类审查分析,可以了解企业使用现金和生成现金的能力,反映企业的发展方向和发展速度是否主要依赖自己的经营还是通过其他途径来扩大企业经营规模,从而对企业的理财能力作出适当评价。

复习思考题

1. 为什么要对企业会计报表进行审计?
2. 审查企业会计报表的主要内容是什么?
3. 试述会计报表审计的范围、程序和方法。
4. 如何审查资产负债表?
5. 如何审查利润表?
6. 如何审查现金流量表?

第六章

资产审计

学习目标 本章主要阐述流动资产和非流动资产的审计的方法和程序。通过学习,要求了解货币资金、应收及预付款各种债权、存货、短期投资等流动资产及固定资产、无形资产、长期投资等非流动资产项目审计的目标和内容,明确调查、评价各个项目内部控制制度符合性测试的重点内容,掌握资产各个项目实质性测试的方法和程序,学会监盘实物、审查会计记录、成本计价、计息、折旧、摊销等方面的知识和技能。

资产是指企业过去的交易或者事项形成的由企业拥有或者控制的,预期会给企业带来经济利益的资源。资产包括流动资产和非流动资产等各种财产、债权和其他权利。企业拥有一定数量的资产是保证企业生产经营活动正常进行的首要条件。管好、用活企业的资金是企业发展的重要途径。在审计工作中必须加强对资产的监督,保证企业资产的真实性、合法性和可靠性,保护企业资产的安全和完整,同时要促进企业盘活资金,消除积压,加速资金周转,以改善企业的经营管理,提高其经济效益。

第一节 流动资产审计

流动资产是指企业可以在1年或者超过1年的一个营业周期内变

现或者耗用的资产,是企业资产中必不可少的组成部分。流动资产在周转过程中,从货币形态开始,依次不断改变其形态,最后又回到货币形态。各种形态的资金与生产流通紧密相结合,周转速度快,变现能力强。加强对流动资产业务的审计,有利于确定流动资产业务的合法性、合规性,有利于检查流动资产业务账务处理的正确性,揭露其存在的弊端,提高流动资产的使用效益。

流动资产的内容包括货币资金、短期投资、应收票据、应收账款和存货等。由于各项目的特点不同,应根据各自不同的要求,分别进行审查。

一、货币资金审计

货币资金是企业流动资产的重要组成部分,包括现金、银行存款及其他货币资金。它是企业中最活跃的资金,流动性强,是企业的重要支付手段和流通手段,因而是流动资产的审查重点。

(一)货币资金的审计目标

审计目标包括审计总目标和具体审计目标。我国《独立审计基本准则》规定,独立审计的总目标是对会计报表的合法性、公允性和一致性发表意见。具体审计目标是对具体项目分别确定的审计目标。它是根据被审计单位管理当局的核定和审计总目标确定的。

货币资金是资产负债表的一个重要项目,它的具体审计目标主要有下列各点:

第一,确定货币资金的内部控制制度是否存在、有效并一贯被执行。

第二,确定会计报表所列货币资金金额是否真实,是否为被审计单位所拥有。

第三,确定货币资金的会计记录是否正确无误,金额是否正确,计量是否无误,明细账和总账是否一致,是否有被贪污或挪用现象。

第四,确定货币资金的收支是否真实,货币计价是否正确,是否符合《现金管理暂行条例》和《银行结算办法》的规定。

第五,确定货币资金在会计报表上的揭露是否恰当。

(二) 货币资金内部控制制度的内容

货币资金流动性强,发生的弊端较多,因此建立健全的内部控制制度极为重要。审计人员在审计货币资金时,要对货币收支业务进行验证,也要对企业的内部控制制度进行调查了解及研究评价,从而保证审计的质量。有效的货币资金内部控制制度的内容主要有以下各点:

第一,职责分工和职权分离制度。货币收支由出纳人员和记账人员分工负责和分别办理,职责分明,职权分离。

第二,授权和批准制度。所有货币资金的经济活动必须经过授权或按权限进行审查批准。

第三,内部记录和核对制度。所有货币资金的经济业务必须按会计制度规定进行记录,货币资金的账面数字和实际数字应定期核对相符。

第四,安全制度。对货币资金须有健全的保护措施,有人负责保管,有人进行内部监督。

第五,严密的收支凭证和传递手续。货币资金的收支事项,均应有一定的收支凭证和传递手续,使各项业务按正常渠道运行。

第六,严格执行规章制度。严格执行《现金管理条例》,收入现金应按规定存入银行,遵守关于库存现金限额的规定,并不得坐支现金;严格执行《银行结算制度》,不得开发空头支票和空白支票,不得出借银行存款账户等。

(三) 货币资金内部控制制度的符合性测试

审计人员对企业进行审计时,首先要对企业的内部控制制度进行调查了解,看内部控制制度是否存在、有效和一贯地被执行,是否可以加以信赖。符合性测试就是通过一定的程序,采用抽样的方式,对内部控制制度运行效果进行的测试。其目的就是要验证其是否可以信赖,有哪些严重缺陷,然后根据测试结果,确定或修正实质性测试的程序。

第六章 资产审计

执行符合性测试的时间,一般安排在企业会计年度决算之前,通常称为预审或期中审计。其目的是为了加快审计进度,尽早发现内部控制制度的薄弱环节,督促企业尽快采取措施,改正工作。

货币资金内部控制制度的符合性测试一般分为三个步骤。

1. 了解和描述货币资金内部控制制度的内容

通过调查询问和实地了解,对内部控制制度的内容从三个方面加以描述:

(1) 书面说明。将调查所得用文字逐条说明。

(2) 编制调查表。将内部控制中每一项内容用表格列示出来,逐条说明其执行情况。如:"现金出纳和现金账是否规定分别管理";"现金支票与支票印鉴是否规定分别保管";"支付现金是否有规定审批手续"等。

(3) 编制流程图。将货币资金的业务处理程序用图解形式表达出来。可以通过流程图,采用一定符号,将业务处理程序和凭证进行联结,并用简要的文字说明将内部控制制度表述出来。其主要优点是形式简明,便于找出薄弱环节,也便于评审。但绘制需要一定技术,有一定难度,所以评价时要与其他两种方法相互结合,对不同业务环节,也可使用不同的方法。

流程图的绘制可以是对一项业务进行单独绘制,也可以将几项业务结合起来绘制。详见第四章。

2. 测试货币资金的内部控制制度

货币资金虽然有了内部控制制度,但是是否发挥作用,需要经过下列各方面的测试:

(1) 对某些资金流程进行重点抽查。对现金的收支,费用的开支,备用金的管理等应按制度规定的程序作重点的抽查。如审查现金日记账、银行存款日记账,看其是否存在计算错误,是否有不正当的费用支出,是否存在有非正常的重要货币资金收支等。

(2) 对某些重要的业务内容进行验算。如对银行存款调节表进行复算,核对调节表是否正确,在途存款是否调整;对购进业务和销售业务进行追踪检查,检查每一环节是否按制度规定进行货币资金的收支业务,是否按规定办理审批和复核工作,是否执行《现金管理暂行条例》和《银行结算制度》。

(3) 了解实际的操作过程。如支付款项是否核对凭证,开具空白支票是否符合规定手续等等。

3. 评价货币资金的内部控制制度

对内部控制制度进行测试以后,审计人员就可以有条件提出评审的意见。主要应从三个方面评价:一是评价内部控制制度的弱点,应把薄弱环节作为控制的重点;二是评价内部控制制度的合理性,考虑现有内部控制制度的效果,有否影响工作效率;三是评价内部控制制度的有效性,考虑贯彻得是否有力。总的来说,是评价内部控制制度可以信赖的程度,提出存在问题和改进意见,依次作为确定审计重点和调整审计计划的依据。

(四) 货币资金的实质性测试

实质性测试是审计实施阶段的主体工作。它是以有关法令为依据,运用检查、监盘观察、查询及函证、计算、分析性复核等方法验证和评价数据的合法性、合规性、真实性和正确性。现分别现金、银行存款和其他货币资金加以说明。

1. 现金审计

现金的审计主要从三个方面进行:

(1) 库存现金盘点。库存现金盘点应该由企业财务负责人、审计人员和现金经管人员共同进行,一般选择在出纳业务结束以后进行,但不事先通知日期。清点时,要求出纳人员将全部现金收付凭证全部登记入账,结出库存现金余额,同时将全部现金分类清点后进入保管箱中等待清查。然后要填列现金清点清单,对于尚未入账的临时性借条,均应核对清楚,查明原因,暂存的未领工资或寄存现金均不得点入实存数中。如有外币,要检查非记账本位币折合记账本位币所采用的折算汇率是否正确。对不同地点的现金(包括备用金)均应同时盘点,盘点结束以后应填列库存现金盘点表。盘点表格式如下(图表6-1):

图表6-1

库存现金盘点表

年　　月　　日

项　　　目	金　　额	备　　注
1. 实点库存现金金额		
加:白条抵库数		
加:代保管现金		
2. 实际库存现金金额		
3. 库存现金账面余额		
加:已收款尚未入账的收入凭证		
减:已付款尚未入账的付款凭证		
4. 库存现金实际账面余额		
5. 库存现金溢余或短缺		
6. 银行规定库存现金限额		
7. 存在问题:		
(1)白条顶库数		
(2)代保管现金		
(3)超出库存现金限额		

　　财务主管　　　　　　出纳保管人　　　　　　审计人员

(2)审查现金收付业务是否合法、合规。内容包括:

① 现金收支是否符合规定范围,有否属于非业务范围的大额现金收支,应经审批的费用支出是否经过批准。

② 现金收入是否全部解入银行,有否坐支。

③ 会计与出纳是否进行分工,是否职权分离,手续是否清楚。

(3) 审查现金账务是否真实正确。内容包括:

① 现金收支凭证是否与原始凭证相符,现金日记账是否与总分类账相符,总分类账是否与资产负债表相符,是否有跨期入账事项。

② 记账凭证是否符合填写要求,金额计算是否正确,凭证账册保管是否严密,有否遗失。

③ 现金保管设备是否安全,有否定期检查核对制度。

现金结算,按照《现金管理暂行条例》的规定,应该是少量的和有限制的。但是近年来由于管理不严,企业使用现金情况很不正常,巨额现金结算十分普遍,白条顶库、坐支现金、公款私存、企业之间相互拆借现金几乎公开化,其原因有制度本身与现实不相适应的问题,有放松监管的问题,也有思想认识上的偏差,促使管理失控。在审计工作中,应该分清是非,坚持原则。如确因业务需要而扩大现金使用,应经开户银行审核同意;对非法使用现金和建立小金库等,应予以揭露并依法进行监督管理。

2. 银行存款审计

银行存款的实质性测试主要从四个方面着手:

(1) 验收结算日银行存款调节表。银行存款余额必须与银行对账单核对相符,检查银行存款对账单中未达账项的真实性。但是往往由于双方存在未达账务或者记账错误,需要由会计人员编制调节表进行调整后才能核对相符。审计时,审计人员应向会计人员索取最近月份的调节表,分币种、分户头逐户逐笔核对,查明银行对账单的每笔收付金额是否与银行存款日记账相等,是否有收付同时增加或同时遗漏等情况,调整后余额是否相符,计算有否错误。要对银行已收或已付而企业尚未入账或企业已收或已付而银行尚未入账的金额逐笔查明原因,并检查是否于下月初自动调整。检查后填表说明(表式见图表 6-2),如发现差错或有意挪用款项或出借银行账户等违法行为,应认真做好记录。

图表 6-2

银行存款调节查验表

年　　月　　日

被审计单位：　　　　　　开户银行：

银行账号：　　　　　　　　　　　币种：

项　　目	会计人员填制	查验调整
银行对账单余额（　年　月　日）		
加：银行已付，企业尚未入账金额		
其中：1.		
2.		
3.		
减：银行已收，企业尚未入账金额		
其中：1.		
2.		
3.		
调整后银行对账单余额		
银行存款日记账余额（　年　月　日）		
加：企业已付，银行尚未入账金额		
其中：1.		
2.		
3.		
减：企业已收，银行尚未入账金额		
其中：1.		
2.		
3.		
调整后银行存款日记账余额		
经办会计人员：　　　（签章）	会计主管：	（签章）

编制：　　　　　日期　　　　　　　审计人员：　　日期

(2) 函证银行存款余额。银行存款数额虽然可与银行的对账单相核对,但有的账户由于长期未用,或者存款余额已经为零,对此,银行一般不发对账单,所以仍需向银行函证,确认其正确性(函证信参见图表6-3)。

图表6-3

函 证 信

(被询单位名称): ××字第×××号

本公司聘请××会计师事务所正在对本公司会计报表进行审计,按照《中国注册会计师独立审计准则》的要求,应当询证本公司与贵单位的业务往来款项。下列数额出自本公司账簿记录,特函请证明。现附上回执联一件,请直接寄××会计师事务所核对。

地址_____ 邮编_____ 电话_____ 传真_____

会计科目名称	截止日期	经济事项摘要	账面余额

会计师事务所盖章_____

委托人盖章_____

日期

回 执 联

××会计师事务所:

　　××公司××字第×××号函证信收到,根据本单位账户记录,××公司与本单位的往来款项截至　年　月　日止的金额为　　元,与来函所列数字相(不)符。不符原因如下:

单位及经办人签章_____
年　月　日

(3) 审查银行存款收支业务是否合法、合规。内容包括:

① 审查银行存款的收支事项是否以规定的合法凭证为依据,应按规定审批的支款事项是否经过审批。

② 对大额银行存款收支事项进行审查,看其是否有不符合规定的收入和支出。

③ 审查开发支票与加盖印鉴是否分别管理,是否按规定签发不填金额的空白支票,有否签发远期支票和收支跨期入账情况,有否出借账户的行为。

(4) 审查银行存款账务是否真实正确。内容包括:

① 审查银行日记账的收支发生额及结存额是否与总账相符,总账与资产负债表余额是否相符。

② 审查外币收付账项的汇兑结算是否正确,使用汇率是否符合规定。

3. 其他货币资金审计

其他货币资金是指企业除现金、银行存款以外的其他各种货币资金,包括外埠存款、银行汇票存款、银行本票存款、在途货币资金和信用证存款等。区别其他货币资金的审计目标是:确定其他货币资金是否存在,收支记录是否完整,余额是否正确,披露是否恰当。具体审计程序与银行存款审计基本相同。首先要函证存款余额,证实存款的确实存在;其次要查证各项其他货币资金存款收支记录是否完整,存入时是否合法,是否是业务的正常需要。需要重视的是外地存款远离所在单位,不易管理,审查时应查明如下各项:

(1) 抽查各项大额存款的使用是否符合规定用途,是否有被非法占用或转移的情况。

(2) 因存款多余而退回的外地存款,是否及时办理转账手续。

(3) 查验资产负债表上其他货币资金反映是否恰当。

二、短期投资审计

短期投资是指各种能够随时变现,并且持有时间不准备超过1年

(含1年)的投资。短期投资按其投资对象不同,划分为债券投资、股票投资、基金投资以及不属于以上两类的其他投资。债券的期限往往是长期的,而股票基金更是没有到期时间,中间不能收回,但如果这类证券可以在市场上转让,而企业又是为了短期投资而购入的,因此可以作为短期投资入账。短期投资的特点是计价复杂,流动性大,而且收益变化无常,如果管理不严,容易产生非法投机和经营混乱。

(一)短期投资的审计目标

短期投资的审计目标与货币资金审计基本相同,主要是:

第一,确定短期投资的内部控制制度是否确实存在,是否被一贯遵守。

第二,确定短期投资确已入账并为企业所拥有。

第三,确定短期投资的增减变动及其记录是否完整、正确,计价方法是否符合有关规定,投资收益是否按原规定入账,投资回收金额的计算是否正确,是否符合法律和协议的规定。

第四,确定短期投资的年末余额是否正确。

第五,确定短期投资在会计报表上的披露是否恰当,揭示是否充分。

(二)短期投资的内部控制制度

短期投资的风险比较大,造成风险的原因,有的是投资者对投资行为缺乏风险意识,因投资决策失误或盲目行动而遭受损失,或者是由于缺乏防范而遭受企业外部或内部人员的欺诈、盗窃等行为而造成损失。因此必须加强短期投资的内部控制制度。内部控制的内容如下所述。

1. 建立短期投资的决策和分析制度

对短期投资的决策和分析应建立制度,并有专人负责。首先应确定投资策略,测定投资的金额和投资的目标,以确定投资的范围和对投资的风险和收益的态度,把投资决策建立在收益和风险相结合的基础上。其次要对投资的环境进行分析和比较,如对证券市场的趋势分析,对发行厂商的资金实力和偿债能力的分析和对不同证券的历年收益率的比较等,以确定企业的投资组合。最后要随着市场的变化,不断修正投资组合,并对经营成果进行评价,更新投资前景。

2. 建立合理的职责分工和职权分离制度

对业务的授权、投资的执行、资金的调度和会计的记录都必须有专人负责,相互控制。

3. 建立健全的投资资产保管制度

对证券或投资资产建立严格的保管制度,有专人负责,专人审核,做好各项投资记录和交接工作。

4. 建立严格的记名登记制度

对记名证券和投资财产尽快以企业名义登记,防止冒名转移。

5. 建立及时正确的会计记录

每种证券必须建立明细的项目账,详细记录证券的名称、面值、号码、数量、取得日期、购入成本、证券商名称、已收到的股息或利息、出售或收回的日期和金额等。

6. 建立定期盘点制度

委托代管的有价证券要定期与保管方核对。

(三) 短期投资内部控制制度的符合性测试

符合性测试的内容一般分三个阶段:一是了解并抽查内部控制制度;二是对执行情况进行重点抽查;三是对内部控制制度进行评价。其中对执行情况的抽查主要包括以下各点:

第一,抽样检查有价证券买入和卖出的核准手续是否齐全,经办人员的职责分工是否明确,职权是否分离。

第二,证券买入卖出的价格是否正确,是否经过登记记录和计价审核。

第三,证券的投资收益是否正确,是否及时入账。

第四,记录证券是否办理过户登记手续。

第五,证券的保管手续是否严密,是否进行定期盘点和账账、账实核对工作。

第六,其他短期投资是否按合同协议的规定办理。

(四)短期投资的实质性测试

在对短期投资进行了内部控制制度的符合性测试以后,就要根据评价意见进行实质性测试,具体可从以下几个方面进行。

1. 编制短期投资明细表以验证短期投资记录的正确性

编制短期投资明细表为的是使审计人员能够概括地了解企业短期投资的全貌,便于进行分析和检查。其一般格式如图表 6-4 所示。

图表 6-4

短期投资明细表
年　月　日

投资种类及说明	年初余额	本年增加	本年减少	年末余额	投资收益	备注
合　　计						

投资明细表可以由被审计单位提供或由审计人员根据有关账据编制,经审计人员复核后与有关账据核对。核对的内容包括:年初余额是否与上一年度明细表中的年末余额相符;本年增加数是否与原始凭证的登记数相符;购入价是否按包括佣金和手续费等在内的实际成本入账;本年减少数是否与证券回收或出售的金额相一致;市价与账面成本的差额是否即为"投资收益"的数额;年末数是否与年初余额加减本年增减数后的余额相符;各项数额是否计算正确并与账户余额相符。

2. 实地盘点短期投资以确定其库存的真实性和完整性

对短期投资应分别不同情况进行盘点:凡存放在本企业的库存证券应进行实地盘点,然后填制盘点清单(格式见图表 6-5);委托其他单位代管的,先要审查代管凭据是否与投资明细表核对相符,然后向代管单位进行函证(格式参见图表 6-3);对于其他短期投资的盘点,要根据投资合同和协议的规定进行验证,同时向签订合同或协议的单位进行函证。

图表6-5

有价证券盘点表

证券名称	账面结存数①	盘点前减少数②	盘点前增加数③	账面现存数④=①+②-③	实存数⑤	差异原因⑥	结算期市价⑦
合计							

盘点工作一般应在结账日进行,如果在结账日以后盘点,审计人员应根据盘点结果和结账日与盘点日之间的证券增减变动数倒推计算结账日的余额,并逐项审查记录有否错误。盘点库存时,被审计单位的管理人员必须在场,将盘点清单与明细表核对,并签章证明。

3. 审查短期投资的计价和收益的正确性

为了审查短期投资收益的合法性和正确性,审计人员必须对投资的入账价值和投资收益进行如下内容的复查:

(1) 短期投资必须按照取得时的实际成本入账。实际成本包括买价、佣金和手续费,但不能包括已宣布发放但尚未支取的股利。审计人员应审查价格的可靠性和计算的正确性,凡非经营期内的收支,均不得提前或滞后入账,以防止弄虚作假。

(2) 短期投资的收益主要包括股票的股利收入,债券的利息收入和证券的出售损益。要审查入账是否及时,是否与发息通知金额相符,有无隐瞒或转移投资收益,是否依法交纳了所得税。

(3) 各种证券收益和其他投资收益都应与投资收益及有关货币资金账户核对清楚。对未实现的收益不进行预估。

(4) 短期投资应根据谨慎性原则,合理地预计可能发生的损失。当市价低于成本时,应计提短期投资跌价准备。对跌价准备的审计要从两方面进行:一是审查短期投资是否按成本与市价孰低计量;二是审查计提的方法是否合理,是否单独核算。

4. 审查短期投资在会计报表上反映的适当性

短期投资的金额,应按其购入时的实际成本减去其跌价准备后的净额列示在资产负债表上,金额必须与总分类账相符。

根据《企业会计准则——应用指南》规定,股份有限公司的短期投资应采用成本与市价孰低计价。中期期末或年度终了,应将股票、债券等短期投资的市价与其账面价值进行比较,如市价高于账面价值的,按其差额,借记"交易性金融资产"账户,贷记"公允价值应变动损益"账户;如其市价在以后又回升,按回升增加的数额作相反的记录。审计人员在审计时应注意两者的区别。

三、应收及预付款项审计

应收及预付款项是企业在购销活动中所形成的各种债权性资产,主要包括应收账款、应收票据、其他应收款和预付账款。在我国社会主义市场经济条件下,应收及预付款项所占用的资金比重不断增加,不能回收的风险逐步扩大,加强对这部分资金的审计,具有重要的意义。

(一)应收、预付款项的审计目标

应收、预付款项的审计目标有如下几点:

第一,审查应收及预付款项内部控制制度的健全性和有效性。

第二,确定应收及预付款项余额的真实性和反映的恰当性;确定其是否存在,并为企业所有。

第三,确定坏账损失、坏账准备的合法性以及账务处理的正确性。

第四,确定应收及预付款项发生、收回的正确性、合法性和及时性。

(二)应收及预付款项内部控制制度的主要内容

为了防止差错,降低风险,消除营私舞弊,企业必须建立一个良好的应收及预付款项的内部控制制度。其主要内容如下所述。

1. 职责分工制度

例如,记账人员、开具销货发票人员不应兼任出纳员;票据保管人员不得经办会计记录;各级人员都应有严密的办事手续制度。

2. 严格的审批制度

例如,各种赊销预付,接受顾客票据或票据的贴现换新,都应按规定的程序批准。

3. 健全的凭证保管、记录和审核制度

客户的借款凭证必须妥善地审查保管,做好明细记录并及时登记入账,凭证的收入和支出必须经过审查。

4. 及时的货款对账、清算和催收制度

对应收及预付账款应及时进行排队分析,针对逾期账款采取不同措施,努力促使账款的及时足额清算和回收。对经办人员建立责任制度,加强各项账款的催收工作。

5. 严格的审查和管理制度

对预付账款的协议、合同应严格审查,对销货退回和折让、票据贴现和坏账转销应加强审核和管理。

(三)应收及预付款项内部控制制度的符合性测试

审计应收及预付款项时,首先应对内部控制制度进行符合性测试。审计人员通过对内部控制制度的了解和描述,对货运文件、销货发票、应收账款账龄等的抽查和分析,来评价企业应收及预付款项内部控制制度的执行情况。其主要内容如下所述。

1. 编制应收及预付账款内部控制制度说明

常用的方法有编写书面说明、编制内部控制问卷和内部控制流程图。

2. 抽查内部控制制度规定的重要事项

(1)抽查销货发票并与销货通知单、顾客订货单及货运文件相核对,以证明销货的品种、规格、数量和计价等是否相符,赊销商品是否经过核准,所有发出商品是否均已开具发票。

(2)抽查"应收票据登记簿",查看应收票据是否逐一登记,票据贴现利息是否计算正确,账务记录是否相符。

(3)抽查销货退回和折让通知单,查看是否按规定进行审批,金额计算是否正确。

(4) 抽查坏账的转销。查看坏账损失是否符合规定的条件,是否按规定进行审批。

3. 对应收及预付款项的内部控制制度进行评价

通过评价,审计人员可以将缺陷部分在管理建议书中予以说明,并据以确定实质性测试的程序。

(四) 应收及预付款项的实质性测试

应收及预付款项的实质性测试,应分别按应收账款、应收票据、预付账款及其他应收款四个项目进行。

1. 应收账款的实质性测试

(1) 编制应收账款明细表。应收账款明细表一般包括客户名称、期初余额、本期发生数、本期收回(转销)数及期末余额等栏目。编制的目的,主要是便于审计人员掌握和分析应收账款的全貌,确证明细分类账余额的正确性。应收账款明细表可以由会计人员编制,也可以由审计人员编制。但审计人员必须对报表进行复核,要求账列期初、期末余额和借贷发生额相符。金额较小的账款可以合并编表。为了判断应收账款回收的可能性和坏账提取是否恰当,一般可在明细表中编列账龄分析或逾期分析。使用哪种方法较好,可根据审计需要决定。参考格式见图表 6-6 所示。

图表 6-6

应收账款明细表

年　　月　　日　　　　　　　　　　　　单位:元

客户名称	期初余额	本期发生额	本期收回转销额	期末余额	账龄(或逾期)分析			
					一个月以上	三个月以上	半年以上	一年以上
合　计								

第六章 资产审计

(2) 函证应收账款余额。直接向欠款人函询应收账款的余额是十分有效的方法。几年来,我国经济迅速发展,商业信用数量扩大,有的相互拖欠,形成三角债,至今尚未完全清理,因此债权人和债务人双方相互进行深入核对,十分必要。函证的方式有肯定式和否定式两种。前者在函证信中要求回答征询余额是否正确,便于审计人员作出判断;后者只要求欠款人在不同意函证的余额时才予以回答,手续比较简便。但根据一般经验,越是复杂的欠款,欠款人往往不愿作出正面答复,如采用否定式函证时,往往容易混淆是非。因此对拖欠时间较长,原因复杂的应收账款,应采用肯定式函证的方法。函证时可以抽样函证,也可以全面函证。函证信格式可参见图表 6-3。函证结果应进行差异分析,必要时对差错比较大或者没有复信的进行第二次查询,以确定应收账款是否归企业所有。

(3) 坏账准备和坏账损失的审查。按《企业会计制度》规定,我国对坏账损失的核算采用备抵法,就是按期估计坏账损失,计入期间费用,同时建立坏账准备账户,待坏账实际发生时,冲销坏账准备账户。对坏账准备的审查主要从两个方面进行:一是要审查是否按规定的方法和比例提取,其计算是否准确;二是要审查坏账准备的列支是否按会计制度规定办理,有无任意列支。对坏账损失的审查也从两个方面进行:一是要确认坏账损失的核销是否符合规定,列支金额是否正确;二是要确认坏账损失后又收回的应收账款是否及时入账,有无被侵吞、挪用。我国《企业财务通则》规定,应收账款只有符合下列条件才能作为坏账损失:① 因债务人破产或者死亡,以其破产财产或者遗产清偿后,仍然不能收回的;② 因债务人逾期未履行偿债义务超过三年仍然不能收回的。除上述情况外,不能任意列支坏账损失。

按照现行制度规定,境外上市公司及其他上市公司坏账准备的提取方法、提取比例等由公司自行确定,提取方法一经确定,不能随意变更。进行审计时,应注意其区别。

(4) 审查应收账款会计处理的合法性和正确性。主要审查以下各个方面：

① 审查应收账款的发生是否属于销售商品和提供劳务所形成的。

② 审查商品赊销、销货折扣和折让、坏账损失等是否经过审批手续。

③ 审查结算期前后应收账款的入账时期，是否有虚增或虚减销售现象，是否有年度结算后大量退货的现象。

④ 审查应收账款的明细账是否与总分类账相符，资产负债表中"应收账款"项目是否与"应收账款"和"预收账款"账户的期末借方余额合计数相符。

2. 应收票据的实质性测试

应收票据的实质性测试与应收账款有很多相似之处，除上面所述各点外，一般还应注意：

(1) 盘点库存票据。审计人员对库存票据应逐笔进行核对，注意票据的种类、号数、签发日期、到期日、票面金额、合同交易号、付款人、承兑人、背书人以及利率、贴现日期、贴现率、收款日期、收回金额等是否与"应收票据登记簿"相符。注意票据是否到期，背书是否相符。根据会计制度规定，票据到期，如果付款人无力偿还票款，票据持有人应将到期票据的票面金额转入"应收账款"，审查时要注意是否执行。

(2) 审查应收票据的利息收入和贴现利息。审查应收票据时，应编制应收票据明细表，并据以计算当年应计的利息额。如果计算的利息金额与账面所列金额不符，应加以分析。对票据贴现的利息支出，也应进行计算并与财务费用账面相核对。

(3) 查明票据贴现所带来的或有负债是否在资产负债表上正确反映。商业承兑汇票的贴现会给企业带来或有负债，成为企业的潜在负债，在审计时应查明这项或有负债是否在资产负债表上正确列示。

3. 预付账款及其他应收款的实质性测试

预付账款是企业按购货合同的规定预付给供货单位的货款。由于预付账款是企业在购货环节上发生的,所以其审计可以结合购货业务一起进行,应审查购货是否根据协议、合同的规定预付,凭证和账务处理是否齐全正确。如发现差错,应查明原因。其他应收款是指企业除应收账款、应收票据、预付账款以外的其他各种应收、暂付款项,包括各种赔款、罚款、存出保证金、备用金及向职工收取的各种垫付款项。其审计程序与一般应收账款相似。

四、存货审计

存货是指企业在生产经营过程中为销售或耗用而储存的各种资产,包括原材料、包装物、低值易耗品、产成品,自制半成品、委托代销商品等等。存货品种繁多,占用资金比重很大,而且流动性强,周转快,对企业的资产和损益有很大影响,因此审计工作的任务加大,需要花费较高的技术和精力。

(一)存货的审计目标

存货的审计目标可分为以下各项:

第一,确定企业存货的内部控制制度是否健全,是否有效地遵守执行。

第二,确定企业存货是否存在,并为企业所有。

第三,确定企业存货收发程序是否合法、合理,计价是否适当,增减变动的记录是否完整,余额是否正确。

第四,确定企业存货在资产负债表上的披露是否恰当。

(二)存货的内部控制制度

存货的内部控制制度主要包括实物流转和存货会计记录两个控制系统。两者相互控制,相互促进。

1. 存货实物流转程序

实物流转主要关系到物资的订购、运输、验收入库、领用、生产、产品储存和产品发送等物资流转部门。其内部控制的内容主要是:

(1)各环节之间分工明确。不相容的职务不得兼任。

(2) 各个环节中有相互衔接、相互监督、相互验证的监控制度,保证物资的顺利流通和有效控制。

(3) 各个环节中有适当的验收、盘点和交接制度,保证物资的安全和节约使用。

2. 存货会计记录程序

会计记录程序包括凭证流转制度、成本控制制度和永续盘存制度。其内部控制的内容主要是:

(1) 会计部门有一套联系各实物流转部门的凭证手续制度,通过凭证的流转,促使物资按预定程序流转。

(2) 会计部门通过审查和核对生产过程中各种记录和凭证,一方面可以控制生产过程中的实物消耗;另一方面凭以选择适当的成本计算方法,计算产品的成本。

(3) 会计部门通过存货增减数的连续记载,可以随时结出账面结存数量和金额,经常保持明细账和总账相符合,再通过实地盘点,保证账面结存数和实物相符。

(三) 存货内部控制的符合性测试

首先要了解并描述存货内部控制制度,然后对内部控制制度实施重点抽查。为了验证其实施情况,可以选择要点进行如下抽查。

1. 材料购进业务

抽查一批或几批材料购进业务,从订购、运输、入库、结算等各个环节,审查是否有明确的分工审批制度,是否有严密的凭证流转制度,价格的定价和计算是否正确,账账、账货是否相符。

2. 成本核算制度

对自制存货成本,抽取成本计算单样本,对各项直接材料、直接工资、制造费用的开支和分配逐一进行核对。审查其手续是否健全,分配是否适当,计算是否正确。对发出成本的计算,要审查计算方法是否前后一致,成本金额是否正确。对采用计划成本的单位,要抽查计划成本的确定是否正确,成本差异的计算是否正确。

3. 对存货的控制

抽查存货的核对记录,审核存货的账实是否经常进行核对,账实差异是否进行调整,永续盘存记录是否完整。

通过调查和抽查,对存货内部控制制度进行评价,列入记录,并对实质性测试计划作出调整。

(四) 存货的实质性测试

1. 存货监盘

存货监盘是指审计人员现场察看被审计单位存货的盘点,并对已盘点的存货进行适当检查。

大多数企业存货的数量很大,占用资金的比重很大,如果盘点不确实,不仅影响资金的实际占用数字,而且影响了企业盈亏的正确性。因此在审计时必须对盘点十分重视,一般分三步走:

第一步,做好盘点的准备工作。盘点工作必须有一个周密的盘点计划,在编制存货监盘计划时,要了解存货的内容、性质、存放场所和与存货相关的内部控制,查阅以前年度的存货监盘底稿,评估与存货相关的重大错报的风险和重要性,同时要选择比较有利的盘点时间,创造有利的客观环境和有利的物资准备。所有存货必须整理分类,计量器具必须经过校验,盘点的表格、标签和清单必须事先准备齐全,对已收和付出的存货应登记入账。

第二步,全面开展盘点,并由审计人员监盘、抽盘。各种商品、产品和原材料原则上应在同一时期进行盘点,但包装物、低值易耗品等不同类别的存货可以分别进行。盘点工作一般由企业原工作人员进行,审计人员参与监督和抽查。抽查的比例可根据存货管理水平和内部控制严密程度来决定,一般不低于存货总量的 10%。如果发现错误过多,可以扩大抽查面,或对某些存货进行重新盘点。盘点时,不仅要注意数量,而且要注意质量和包装,不能有账外物资。

第三步,对盘点结果做好记录,整理成工作底稿。盘点结束后,审计人员应将盘点情况及盘点结果写成书面材料填制好各种盘点表格,经企业经办人员会签后作出记载并整理成审计工作底稿。盘点表格包括:"存货盘盈盘亏检查表"(图表6-7),"报废、报损、残损、伪劣商品情况表"(图表6-8)。

图表6-7

存货盘盈盘亏检查表

年　　月　　日

存货名称规格	单位	单价	账面记录		实盘存量		盘　盈		盘　亏		附注
			数量	金额	数量	金额	数量	金额	数量	金额	
合　计											

图表6-8

报废、报损、残损、伪劣产品情况表

年　　月　　日

名称规格	单位	原价	账面记录		报　废		报　损		残损、伪劣		处理意见
			数量	金额	数量	金额	数量	金额	数量	金额	
合　计											

以上各种报表经核对后应由盘点小组和监审人员签名,在盘点和制表时要注意账面数量、金额是否与盘存数量在同一截止日期,如发现尚未入账数字,应予调整。某些特种产品、材料有特种的盘点方法,应分别情况选择切实可行的办法执行。农副产品等实物应适当扣除自然损耗。盘存结果与账面数量有差异时,应由审计人员和盘存小组进行

调查研究,提出处理的意见,与盘存单一并作为工作底稿。

对清查出来的报废、报损、残损、伪劣产品应编制单独的检查盘存表,写明损失程度、损失原因及损失金额并提出处理意见,列入审计工作底稿。

根据《企业会计准则——应用指南》规定,境外上市公司及其他上市公司,中期、期末或年度终了,应对存货进行全面清查,如由于存货遭受毁损、全部或部分陈旧过时或销售价格低于成本等原因,使存货成本不可收回的部分,应提取存货跌价准备。存货跌价准备应按单个存货项目的成本与可变现净值计量,期末,计算出存货可变现净值低于成本的差额,借记"管理费用——计提的存货跌价准备"账户,贷记"存货跌价准备"账户。审计人员应对此项规定作专门审查。

2. 审查存货收发业务是否合理与合法

企业材料、产品的收发必须做到国家规定的合理与合法。收购物资必须符合企业的经营范围,数量、计价必须合理,不得损害国家、企业和消费者的利益。手续必须清楚,不得为偷税、漏税、贪污盗窃留下可乘之机。此项工作通常是经过审阅资料、审核存货明细账和收付原始凭证进行的。如在进货环节上要审查是否有审批、复核等手续,是否有人检查存货的来源、价格和质量,对大量积压商品物资应检查其产生的原因。在领料、发料和加工过程中,应注意领料定额和收付手续,防止发生小仓库和加工单位的不合理占用。对发出商品要审查其内部控制制度,防止物资损失。

3. 审查各种物资的计价是否正确

存货的计价办法比较复杂,计算不当,容易影响效益和资产负债表的正确性。如外购存货计价有不同的进价内容,入账时有实际成本法和计划成本法。发出存货的成本计算有先进先出法、加权平均法、移动加权平均法、后进先出法和个别计价法等。这些方法各有不同的特点,审计人员应针对企业情况,审查有关方法的适应性和正确性,审查其计价的一贯性,审查是否有根据不同的要求随时改变计价办法,用以调节利润的情况。

4. 审查账务处理的正确性

在审计中要查明存货的收发是否合法,是否正确入账,明细账和总分类账是否一致,存货的产权是否全部为企业所有,是否有被抵押的物资,是否有提前入账或推迟入账的发票。

5. 审查会计报表反映的恰当性

存货应在会计报表上得到恰当的反映,存货项目应该与有关科目的总数相符,工业企业应按"材料采购"、"在途物资"、"原材料"、"包装物"、"低值易耗品"、"材料成本差异"、"委托加工物资"、"库存商品"、"发出商品"等项目总数减去存货跌价准备后的净额反映填列。凡是有关存货计价方法上的变动、存货质量上的问题以及存货成本上的重大变动,均应在附注中说明。

6. 对存货进行分析性审查

存货在流动资产中所占分量很大,其资金周转快慢,直接影响到企业的损益。因此在审计时应该重视存货资金的周转情况。一般可以通过计算销货成本与平均存货的比率,分析企业的存货周转率(次数),或通过平均存货与日销售成本的比较计算企业的存货周转期。在确保企业正常需要量的前提下,存货周转率越快,说明存货的利用效率越好。但影响其变化的因素很多,审计人员应通过调查研究,对存货的积压、滞销情况进行分析,并将存货周转率与企业历史水平和同行业水平进行比较,以便发现问题,提出改进意见。

第二节 非流动资产审计

一、长期投资审计

长期投资是指除短期投资以外的投资,包括持有时间准备超过一年(不含一年)的各种股权性质的投资,不能变现或不准备随时变现的债券,以及其他债权投资和其他长期投资。长期投资与短期投资的投资内容基本上都属于证券投资和其他投资,但具有以下三个主要差别:一是投资期限不同,短期投资要求在一年内随时变现,而长期投资一般不能在短期内收回,回收时间长,风险也比较大;二是投资的目的不同,短期投资的目的是为了利用暂时闲置的资金,谋求较高的收益,而长期投资则是为了积累一定数额的资金,或是为了加强与被投资企业的经济联系而采取的购买长期债券、参股或控股等投资行为;三是投资的管理方法不同,对短期投资一律采用成本法进行管理,对长期投资则是根据是否实行控股,分别采用权益法或成本法进行管理。

企业长期投资活动,实质上是企业资产的流动和重新组合过程,对于企业存量资产的调整、改组和社会资源的优化配置起着重要的作用。在经济体制改革和经济增长方式的转换过程中,企业作为一个生产经营的投资主体,长期投资必将迅速增长,加强对长期投资的管理和审计也就显得更为重要。

(一)长期投资的审计目标

长期投资因投资的期限较长,所以更应重视投资的安全性和效益性。主要可概括为以下几个方面:

第一,确定长期投资的内部控制制度确实存在和一贯执行。

第二,确定长期投资的确实存在并拥有所有权。

第三,确定长期投资计价方法的合理性,投资收益、投资回收的真实性和年末余额的正确性。

第四,确定长期投资的合法性和效益性。

第五,确定长期投资在会计报表上披露的恰当性。

(二)长期投资内部控制制度的内容

长期投资投入金额较大,期限较长,一般要经过选择、执行、保管、收回四个阶段,其中包括投资研究、授权、批准、购入、安全保护、收益计算、记账、估价及回收等九个环节。为了保证投资的安全和合理有效,企业必须有一套科学合理的内部控制制度以加强对投资的监控。内部控制的内容一般包括以下几个方面。

1. 授权和批准制度

长期投资一般应由企业的主管经理负责管理,并聘用专人负责经营,授予经营决策权。在执行投资决策前,应经主管经理批准。重大的投资项目,关系到企业的兴衰存亡,应该由董事会组成投资小组进行可行性研究,执行时由董事会批准。投资资产的出售和回收也应同样经过授权和批准才能进行。

2. 内部职权分离和投资凭证保管制度

投资授权、投资执行、证券保管和账务记录应实行职权分离,不能由同一人担任。投资资产保管有三种情况:一是在业务交易后由证券经纪人代为保管。这种措施有利于保管和记账的职权分离,但投资单位仍应做好证券的代管记录和交接工作。二是将各项证券和投资凭证存放在银行保管箱内。存取时至少须由两个以上人员(一般为公司负责人或指定的负责人员)共同办理,并做好保管物的详细记录。三是自行保管。企业设置安全可靠的保管箱,指定专人负责保管,并贯彻内部职权分离和投资项目登记制度。保管人对投资资产的内容应作必要的审查,如证券的抬头是否正确,背书是否齐全,股票是否过户登记等。

3. 投资收发和收益的记录和复核制度

各项投资的投入、收回,利息、股息、红利的收入,投资的收益和损失,都必须及时入账及时做好明细记录。如股票的明细账应包括股票名称、编号、识别标志、股票面额、股数、取得日期、成本以及取得股利的规定等。对各项计价、计息的数据应进行复核;对短期投资和长期投资应严格划分;对应采用权益法或成本法记账的股票收益应按不同方法处理;对联营、合营企业的投资应按有关协议、合同的规定处理;对证券的抬头、背书和记名登记应按规定进行复核审查以防止弊端。

4. 定期盘点和审计制度

为了使投资收入能及时正确入账和确保账面证券的确实存在,企业的负责人员或指定的内部审计人员应定期对库存凭证进行盘点、核对。对委托保管的证券也应经常进行函询核对,防止发生被非法转让或私自抵押的可能性。

(三)长期投资内部控制制度的符合性测试

长期投资内部控制制度的符合性测试一般包括四个方面:一是了解和描述内部控制制度,说明企业内部控制制度的基本情况;二是对内部控制制度进行抽查,审计人员可以根据了解到的情况,分别对投资业务的收发和记录是否合理合法,投资收益是否计算正确,有关控制措施是否执行等进行审查;三是审查对外投资的合同协议和投资文件,测试各项投资的授权、批准、执行和可行性研究的情况,看其是否有薄弱环节;四是对长期投资的内部控制制度进行评价,指出内部控制制度的强点和弱点,凭以确定实质性测试的审计程序。

(四)长期投资的实质性测试

长期投资业务的实质性测试应根据内部控制制度的测试结果确定重点,一般分为以下几个方面。

1. 编制长期投资明细表

为了完整、系统地掌握长期投资的全貌,在审计前应先由企业或审计人员编制长期投资明细表,说明长期投资的主要内容,其一般格式如图表 6-9 所示。

图表 6-9

长期投资明细表

年　　月　　日

投资种类及说明	投资日期	投资金额	投资金额占资本总额%	收益计算方法	投资到期日	投资收益	期末市价	备注
合　计								

审计人员对明细表进行复核后,应对投资情况进行分析,查明余额是否相符,投资收益处理是否符合规定,计息和计价是否正确,有否可能发生其他问题。然后根据可能存在的问题作深入的审查。

2. 审查长期投资的实际存在

长期投资有股权投资和债权投资两种。

审查长期股权和债权投资是否实际存在的方法是对证券的实地盘点。盘点之前要求分类编制"有价证券盘点表"(表式见图表6-5),然后再与实物一一进行核对,并与"长期股权投资明细表"和"长期债权投资明细表"及有关账户逐一核对。在清点有价证券时要注意核对证券的面值、期限、户名、序号、成本、利息(或股息)等内容是否与记录相符,还要核对其所有权,查看股票是否已经登记过户,是否有被盗窃、挪用、顶换、非法抵押等疑点。对寄存在保管箱中的证券应同时派人审查。对委托证券信用机构代保管的证券要通过函证查实。

对重大投资项目还应查阅董事会决议及有关合同。对长期投资中的其他投资的核对,一方面应以企业的账面与投资方的账面相核对,说明账面上并无虚假;另一方面要对实物投资是否账值相符,移交时是否已经估价进行审查。

3. 长期投资计价和计息的审计

长期投资的计价办法比较复杂,在审计长期投资的账面余额时应注意各种投资的不同处理方法。

长期股权投资应按投资时实际支付的价款记账,但实际支付价款中含有利息的,应将这部分利息记入"长期股权投资——应计利息"账户。股权的购入,应按不同的购入方式有其不同的核算方法。审计人员应查明其核算方法是否正确,应计股权投资额、到期利息额和投资收益额是否正确。

股权投资的核算有成本法和权益法两种。在通常情况下企业对其他单位的投资占该单位有表决权资本总额20%以下,或对其他单位投资虽占该单位有表决权资本总额20%或20%以上,但不具有重大影响的,应采用成本法核算。投资时按实际成本入账,股利收入应记入"投资收益"科目。企业对其他单位投资占该单位有表决权资本总额20%或20%以上,或虽不足20%但具有重大影响的,应采用权益法核算,按实际成本入账,入账后根据被投资企业财务报表上的净收益或净亏损,按投资比例调整长期投资的账面余额,同时增、减投资收益。收到被投资企业发放的股利时,减少长期投资账面价值。审计人员应通过认真抽查,查明核算方法是否准确,应计收益是否与报表和文件资料相符,并证明账面余额与实物的一致性。

对其他企业的投资一般也采用成本法和权益法进行核算,审计人员应审查其处理是否合理、正确。对实物或无形资产的投资,按规定应由资产评估机构以评估方式确定其价值或者通过投资双方协议确定。审计时应审查其作价的合理性。

4. 审查长期投资在财务报表上的反映是否恰当

审查长期投资在财务报表上的反映是否正确,首先要查明长期投资与短期投资的划分是否正确。根据规定,一年内到期的长期股权投资应从"长期股权投资"项下划入"流动资产"项下,但总分类账不作改变。对此,审计人员应加以注意。当投资企业由于生产经营上的急需或被投资企业的财务状况不佳等原因,要求尽早收回投资时,可从长期投资转入短期投资,但必须持有充分的理由并做好会计记录。对此,审计人员应审查有关资料和有关会计记录,以确定其是否合法、合理和正确。对于长期投资中的股票、债券其账面价值明显脱离期末市价的,按规定应在资产负债表中用括号列示其期末市价。审计人员应审查其反映是否充分。

根据《企业会计准则——应用指南》规定,股份有限公司中期、期末或年度终了,应对长期投资逐项进行检查,如果由于市价持续下跌或被投资单位经营状况恶化等原因导致其可收回金额低于账面价值,并且这种降低的价值在可预计的未来期间内不可能恢复,对可以收回金额低于"长期股权投资"账面价值的差额应当计提"长期股权投资减值准备"。在资产负债表中,"长期股权投资"项目应当减去"长期股权投资准备"后的净额反映。

二、固定资产审计

固定资产是指为生产商品、提供劳务、出租或经营管理而持有的使用寿命超过一个会计年度的有形资产。如房屋、建筑物、机器、机械运输工具以及其他与生产、经营有关的设备器具、工具等。固定资产投资支出较大,使用年限较长,在使用过程中必须进行折旧、维修和更新,如果管理、使用不当,容易发生丢失、毁损和其他弊端,必须建立和健全内部控制制度,加强内部审计。

(一)固定资产的审计目标

固定资产的审计目标一般包括:确定固定资产内部控制制度的确实存在和一贯被遵守执行;确定固定资产实物的正确性、完整性,账务的正确性,增减变动的记录是否完整,账实是否相符并归企业所有;确定计价和折旧的合理性和合法性,资本性支出和经营性支出划分是否正确,计价和折旧是否符合规定并前后一致;确定固定资产的价值在会计报表上披露是否恰当,是否作了必要的说明。

(二)固定资产内部控制制度的审查

为了确保固定资产的完整和安全,提高固定资产的使用效率,企业必须建立健全的固定资产内部控制制度,审计人员应对其内部控制制度进行审查,以全面了解固定资产的管理状况。企业固定资产内部控制制度一般包括以下内容。

1. 固定资产投资分析和预算控制制度

固定资产投资分析是对固定资产进行初步的可行性研究及经

济上合理性的分析。固定资产投资回收期长、投资额大,必须对投资进行分析,保证投资取得良好的经济效果,以避免不必要的失误和损失。在作出投资决策的基础上,企业应编制投资预算并有效地控制固定资产投资支出。企业投资预算一般应经过董事会批准方可有效。

2. 固定资产核算记录制度

固定资产品种繁多,管理复杂,必须建立完整的档案和健全的收发保管制度。财会部门应设置固定资产的总账和明细账,并按固定资产分类标准编制固定资产目录;在财会部门和使用部门应分别建立固定资产账卡,详细登记各项固定资产的进出变动情况,包括编号、类别、名称、购置时间、使用部门、使用年限、原始价值、折旧以及调拨、停用、技术改造、清理报废等记录,为管好、用好固定资产提供资料。

3. 固定资产的归口分级管理

归口管理是指将各类固定资产分类归口交由各有关管理部门(如设备、运输、总务部门等)管理,并授予这些部门以一定的审批权限。分级管理是在归口管理的基础上进一步按使用地点对固定资产的取得、出售、使用、保管、维修、报废、记录等。交由各使用单位、部门或个人进行的管理,财务部门应从总体上负责组织、协调和监控全部固定资产。

4. 固定资产的维修保养制度

固定资产应经常进行维修保养,建立日常维护和定期检修制度,防止和避免各种自然损耗和人为损失。审计人员还应从财产风险是否分散的角度审查其投保情况。

5. 固定资产定期盘点制度

企业应对固定资产的实际存量、存放地点、保管情况和使用效益定期进行盘点检查,注意搞活固定资产存量,提高资金使用效益。

6. 划分资本性支出和经营性支出的界限

企业应按规定区分支出的不同性质分别列入资本支出和费用支出。

(三) 固定资产内部控制制度的符合性测试

1. 固定资产内部控制制度的描述

审计人员通过询问、观察和调查问卷,对固定资产内部控制制度进行了解以后,以书面或绘制流程图的形式描述内部控制制度的基本情况。

2. 固定资产内部控制制度执行情况的抽查

审计人员通过对固定资产内部控制制度执行情况的抽查,确定固定资产的增减变动是否按审批制度执行并作了详细记录;确定固定资产折旧是否符合规定并前后一致;确定资本性支出与经营性支出是否划分清楚。根据以上审查从而确定内部控制制度是否被一贯执行。

3. 固定资产内部控制制度的评价

通过了解、描述和抽查,审计人员应对企业的内部控制制度作出评价,对其薄弱环节向企业提出建议,并用以确定实质性测试程序。

(四) 固定资产的实质性测试

1. 固定资产实物相符情况的审查

核实固定资产账账、账实是否相符,首先要全面掌握固定资产及其折旧的情况,确定固定资产有关账户是否相符,账存数与实存数是否相符。主要应做好以下工作:

(1) 编制或取得固定资产及累计折旧明细表。本表可以由审计人员根据企业有关资料编制,也可以由企业单位提供。审计人员应抽查有关项目与有关资料,核对其是否相符,然后对各项账务和物资进行核对,做到账账、账物相符。固定资产及累计折旧明细表的格式如图表6-10所示。

图表 6-10

固定资产及累计折旧明细表

年　　月　　日

固定资产类别	固定资产				累计折旧				固定资产净值
	期初余额	本期增加	本期减少	期末余额	期初余额	本期增加	本期减少	期末余额	
合　计									

（2）核对固定资产有关账户。审计人员取得固定资产及累计折旧明细表以后，首先应将表中固定资产、累计折旧余额与明细分类账户和总分类账户有关余额进行核对，看其是否相符，并确定明细分类账户与固定资产卡片、固定资产登记簿是否相符，如账户数量较多，审计人员可以作重点抽查。

（3）确定固定资产的所有权。对重要的设备、房地产、车辆等应根据契约、产权证明以及交税凭证等验证被审查资产确实为企业的合法财产。在审计时，审计人员应注意有无产权不清等情况，如有，应促使被审计单位查明原因。

（4）实地盘点固定资产。固定资产盘点应由保管人员负责进行，审计人员应在场监盘并作必要的抽查。在盘点时除了盘点数量是否相符外，应注意：

① 固定资产的质量情况。是否有损坏、磨损、不配套、不符合需要的机器和设备。

② 固定资产的使用情况。是否有不需用、未使用或使用不当的财产。

③ 固定资产的保管情况。对固定资产是否进行经常性的维护保养，对固定资产的附属设施、配套设备、零部件是否做好记录，妥善

保管。

固定资产经过盘点以后,应填制盘点表,对盘盈、盘亏和毁损的固定资产应做好记录;对保管不好、质量差,不需用或使用不当的固定资产应查明原因,提出处理意见以提高其利用效益。固定资产盘点盈亏表格式如图表 6-11 所示,固定资产质量及使用情况应另行按项目列表说明。

图表 6-11

固定资产盘点盈亏表

年　月　日

规格名称	单位	单价	实存数量	账存数量	溢　余		短　缺		备注
					数量	金额	数量	金额	

2. 固定资产增加的审查

企业固定资产增加的来源是多方面的,有购入的,有自制自建的,也有投资转入或融资租入的。其审计方法有相同之处,也有不同之处。现将审查的主要方面说明如下:

第一,审查增加的固定资产是否经过投资分析和预算审批,实际支出和预算是否有差异,如何解决。

第二,审查固定资产的计价是否符合规定,入账价格是否正确。按照制度规定,购入固定资产应按照实际支付的买价、包装费、运杂费和安装成本记账;自行建造的固定资产应按建造过程中实际发生额全部支出记账;其他单位投资转入的固定资产,应按评估确认或者合同、协议约定的价格记账。审查时应注意其计价是否符合规定。对购入的固定资产应审核其采购发票凭证、固定资产验收报告,并深入实地观察以确定其实际存在和实用情况。对自创自建的固定资产应审查其重要物资采购发票、各种费用的开支和分摊情况以及工程结算清单,并确定其实际存在和实用情况。对投资转入固定资产应查实是否经过国有资产管理部门批准和资产评估。此外,对融资租赁、接受捐赠和盘盈的固定资产也要审查其是否按规定入账。

3. 固定资产折旧及其修理的审查

(1) 固定资产折旧的审查。固定资产折旧是指固定资产在使用过程中逐渐损耗而转移到费用中去的那部分价值。对固定资产折旧的审计应着重从以下几个方面进行:

① 审查企业是否在规定范围内提取折旧。现行财务制度规定,企业应计提折旧的固定资产有:房屋及建筑物、在用的机器设备、仪器仪表、运输车辆、工具器具、季节性停用及修理停用的设备、融资租入和以经营租赁方式租出的固定资产。提取折旧应从固定资产投入使用月份的次月开始,按月计提。停止使用的固定资产从停用月份的次月开始停止计提。还规定已提足折旧继续使用的固定资产、未使用或不需用的机器设备、在建工程项目交付使用以前的固定资产不提折旧。按照规定提取维简费的固定资产,破产、关停企业的固定资产以及以前已经估价单独入账的土地等也不计提折旧。审计时应要求与规定取得一致。

② 审查企业是否按规定的方法提取折旧。我国企业固定资产折旧方法一般采用平均年限法;企业专业车队的客、货运汽车,大型设备的折旧可以采用工作量法;在国民经济中具有重要地位,技术进步快的指定行业,其机器设备折旧可以采用双倍余额递减法或年数总和法。在审计时应同意企业在此范围内有权选择具体的折旧方法,但不能任意改变方法。

③ 审查企业固定资产的预计使用年限是否正确,折旧残值是否正确。企业在折旧范围内,按规定的折旧方法预计固定资产的使用年限和预计残值,用以计算固定资产的折旧额。企业应根据财政部规定的"折旧年限表"确定不低于规定的最短年限的预计使用年限和占固定资

产原值3%~5%的预计残值。计提的固定资产折旧额应全部计入成本、费用,审计人员应审查预计使用年限是否合理,折旧率是否符合规定,折旧额计算是否正确,是否全部计入成本。

(2) 固定资产修理的审查。为了维护固定资产的正常使用功能,企业必须对固定资产进行有计划的维护和修理。修理可以分为大修理和中小修理。按财务制度规定,其修理费用一律计入当期成本费用,对费用发生不均衡、数额较大的,可以采用待摊的办法。对固定资产修理的审计应着重从以下各点进行:

① 审查固定资产大修理的界限是否划分清楚,是否与固定资产更新改造相混淆,是否将在建工程中的投资性支出列入大修理费用。

② 审查固定资产大修理费用是否编制了预算,是否经过审核和批准,其执行结果是否有重大差异。

③ 审查各项修理费用的开支和账务处理是否合理正确,有无差错或浪费。

4. 固定资产减少的审查

固定资产减少的原因主要有出售、报废、毁损、投资转出和盘亏等。应该分别加以处理:

(1) 固定资产出售和投资转出的审查。这两项减少都是实物的转让,审计时应当查明出售和转出的原因,是否经过授权批准,价格是否合理,会计处理是否正确等。向其他单位投资的固定资产应审查其是否进行过资产评估,必要时还应与投资效益结合起来考虑。

(2) 固定资产报废、损毁的审查。报废或损毁的固定资产都应该有实物存在,应查明实物的处理经过,看其有无以旧抵新、转移新物等情况。在审计中还应注意,注销的固定资产原值是否正确,折旧是否转清,损益是否全部入账。

(3) 固定资产盘亏的审查。审计时应注意审查盘亏的原因,查明这项资产购入后的使用情况,报亏时是否经过审查批准。

(4) 对固定资产减值准备的审计。审计企业在年度终了,是否对固定资产逐项进行检查,在市价持续下跌或技术陈旧、损坏、长期闲置等原因导致可收回金额低于账面价值时是否将可收回金额低于其账面价值的差额作为固定资产减值准备,按单项资产提取。

5. 确定固定资产在会计报表上的反映是否恰当

固定资产的有关项目,包括固定资产原价、累计折旧、固定资产净值、固定资产减值准备、固定资产清理、工程物资、在建工程和固定资产合计都应在资产负债表中正确反映,还应在补充资料中反映融资租入固定资产原价。如果发生折旧方法改变等重大情况,应在报表中做好注释。审计人员应对上述内容进行审查,确定在会计报表上的反映是否恰当。

三、无形资产和其他资产审计

无形资产是指企业拥有或者控制的没有实物形态的可辨认的非货币性资产。包括专利权、商标权、著作权、土地使用权、非专利技术等。

其他资产是指企业发生的不能全部计入当年损益,应当在以后年度内分期摊销的各项费用,除上述资产以外的其他资产,如长期待摊费用。

长期待摊费用是指企业已经支出,但摊销期限在1年以上(不含1年)的各项费用。包括固定资产修理大支出、租入固定资产的改良支出以及摊销期限在1年以上的其他待摊费用。

无形资产和其他资产都不具有实物形态,但能影响未来的收益和支出。对它们进行审计的共同目标是:确定无形资产和其他资产的确实存在和所有权;确定无形资产和其他资产的计算与记录正确;确定无形资产和其他资产摊销合理;确定无形资产和其他资产在会计报表上表达适当。

(一) 无形资产的审计

长期以来,在计划经济的影响下,我国对无形资产观念淡漠,很少注意开发和利用。在当前社会主义市场经济条件下,企业经过重新改组,无形资产的地位越来越显著,创名牌、树形象、依靠科学技术已成为占领市场、获取最大效益的重要途径,所以企业界已开始重视对无形资产的开发利用,俾能在市场竞争中取得优势。

无形资产种类很多,性质各不相同,审计工作要根据不同类型提出不同要求。

1. 调查无形资产内部控制情况

调查内容包括无形资产增减变动的审批权限,无形资产的计价、计算和记录的手续制度和无形资产的摊销办法等是否正确、恰当。

2. 评价无形资产内部控制情况

主要对无形资产内部控制制度是否确实存在和一贯执行的情况进行评价,提出薄弱环节和相应的改进建议。

3. 确定无形资产的存在及所有权

无形资产没有实物形态,应查对其是否存在及是否确为企业所有。审查时应查对有关原始凭证和证明文件,必要时还要向外查询,以确定所有权有无争议。

4. 审查无形资产的计价、计算和记录

无形资产的计价必须符合制度规定,充分考虑资产的效益。对接受投资所计入的无形资产,应审查其入账价值是否正确;对向外转让和投资的无形资产应审查有关的合同、协议,确定其评估是否合理;对无形资产的增减记录应核对其是否正确无误;是否按照账面价值与可收回金额孰低计量对可收回金额低于账面价值的差额;是否计提无形资产减值准备。

5. 审查无形资产的摊销

无形资产摊销的主要因素是摊销期限,其基本原则是:法律和合同分别规定了有效期限或受益年限的,以两者孰短为原则;法律没有规定,而合同有规定的按合同规定确定;法律和合同均未规定的,按不超过10年的期限摊销。

无形资产的摊销方法一般采用直线法分期等额摊销,直接冲销无形资产原值;未摊销的余额在会计报表中列示。审计人员应审查摊销期限、摊销方法是否相符,并应核对总分类账与明细分类账是否相符。审查无形资产在会计报表中的反映是否恰当,是否按照无形资产减去无形资产减值准备后的净额反映。

(二)其他资产的审计

其他资产的审计目标主要是:确定其他资产的成本是否符合规定;摊销期限是否恰当,摊销金额是否正确。其审计程序除调查其他资产内部控制情况和评价其他资产内部控制情况以外,一般还有以下几方面内容。

1. 审查其他资产的成本是否符合规定

(1)租入固定资产改良支出的审查。应审查支出中有无形成固定资产的价值在内,有无混入其他费用,是否按租赁期限与租赁资产尚可使用年限两者孰短的期限内平均分摊等方面。

(2)固定资产大修理支出的审查。要注意修理费支出与固定资产更新改造支出是否划分清楚,是否有将不属于修理范围的支出或中小修理费用列作其他资产。是否在大修间隔期内平均分摊等。

2. 审查其他资产的摊销额

主要审查摊销期限是否符合规定,摊销额是否计算正确,摊销后余额是否与总分类账相符。

3. 审查企业在筹建期间内发生的费用是否在开始生产经营的当月起一次计入损益等

复习思考题

1. 现金审计主要从哪几个方面进行?重点掌握哪几点?

2. 审查银行存款实有数时为什么要编制银行存款调节表？其内容是什么？

3. 其他货币资金有什么特点？审查时应注意哪几点？

4. 如何进行短期投资的实质性测试？

5. 如何进行应收账款的实质性测试？其中对坏账准备和坏账损失的审查应注意哪些内容？

6. 为什么要进行存货盘点？存货盘点工作一般分为哪几个步骤？

7. 长期投资与短期投资有什么异同？长期投资的内部控制制度应包括哪几个方面？

8. 审查长期投资在会计报表上的反映时应注意哪些内容？

9. 固定资产的审计目标有哪几点？主要内容是什么？

10. 对固定资产折旧的审计应注意哪几方面？

11. 对无形资产的审计应注意哪些方面？

12. 其他资产的审计目标是什么？主要内容是什么？

第七章

负债及所有者权益审计

学习目标 本章主要阐述负债及所有者权益审计的方法和程序。通过学习,要求了解负债及所有者权益的审计范围和内容,明确负债及所有者权益审计的目标和符合性测试的方法,掌握应付及预收各种债务及实收资本、资本公积、盈余公积等项目的实质性测试的审计技术。

负债是指企业过去的交易或者事项形成的预期会导致经济利益流出企业的现时义务。企业负债是企业的债权人权益,包括流动负债和非流动负债两大类。所有者权益是指企业资产减去负债后,由所有者享有的剩余权益的余额,包括企业投资人对企业的投入资本以及形成的资本公积金、盈余公积金和未分配利润等。企业的所有者权益与企业的负债,两者构成企业的全部资金来源。合理有效地筹集资金和管理资金,直接影响到企业生产经营活动和企业经济效益,因此,对企业资金来源的审计具有十分重要的意义。

第一节 流动负债审计

流动负债是指企业将在1年内或者超过1年的一个营业周期内偿还的债务。其主要内容包括短期借款、应付票据、应付账款、预收货款、应付职工薪酬、应交税费、应付股利、其他应付款等。流动负债是企业负债的重要组成部分。通过流动负债在会计报表上的反映,不仅可以公允地了解企业近期需要归还的短期债务,而且可以分析企业的偿债能力和清算能力。当前我国有的国有企业面临着的困扰,一是计划经济所带来的历史遗留问题,企业债务负担过重,有的借款拖欠过长,沉重的利息负担较重地影响了企业的经济效益。二是由于企业的经营者和职工的工资和收入与企业的经济效益直接挂钩,部分企业领导人从个人利益和小集团利益出发,或隐瞒企业的负债金额,或非法增加企业的盈余,人为地造成会计信息失实,搅浑了企业的经济情况。所以对流动负债的审计是一个较为重要的审计内容。

一、流动负债的审计目标

流动负债的审计总目标主要是确认企业会计报表所反映的内容的合法性、公允性和会计处理方法的一致性。流动负债各个项目的具体内容虽然各有不同,但根据它们的共同特点考虑,其主要审计目标是:了解并确定流动负债的内部控制制度是否存在、有效,是否被一贯遵守执行;确定企业的流动负债的记录是否确实存在,是否为被审计单位所承担,是否与债权人的记录相一致;确定企业的流动负债的计算、记录和偿还是否正确无误,是否符合有关法律、合同和契约的规定,是否有隐瞒、拖欠、低估或虚报债务的情况;确定企业的负债结构是否合理,偿债能力是否充分,是否有企业债务过重,偿还期限不合适或具体内容不合理,因而造成经营困难的情况;确定流动负债的余额是否正确,在会计报表上的披露是否恰当。

二、应付账款的审计

应付账款是指企业因购买材料、商品和接受劳务等经营活动应支付的款项,是企业因购进业务而发生的商业信用。随着市场经济的发展,应付账款的范围日益扩大,审计人员应结合购货业务进行审计。审计的程序包括内部控制制度的符合性测试和实质性测试。

(一) 应付账款内部控制制度的内容

产生应付账款的程序一般包括物资的请购、订货、验收、付款四道环节,牵涉到购货过程中的凭证流转、资金结算和账务处理。应付账款的内部控制制度应环绕着物资的采购、储存和账款的收发和结存,实行内部相互牵制的管理制度。一个有效的应付账款内部控制制度一般应包括以下几项内容。

1. 建立物资流转和会计核算的凭证流转制度

规定各项单据,包括请购单、订货单、验收单以及记账凭证的格式和流转过程,各有关人员必须按规定进行填制、审核和传递,以保证物资和资金的合理流转。

2. 建立明确的职责分工制度

采购人员、保管人员、财务会计人员及其他有关人员都必须有明确职责分工,凡是订货采购、进货折扣条件、债务形成以及偿还债务等,应经有关部门确认和批准。

3. 建立应付账款的复核、对账和分析制度

内容包括对进货计价、进货折扣、付款条件和进货质量进行复核;对应付账款余额定期向债权人对账,取得对账证明;对偿债能力定期进行分析。

4. 建立账账核对制度

应付账款总分类账应与明细分类账相核对,以保证会计记录的正确无误。

(二) 应付账款内部控制制度的符合性测试

应付账款内部控制制度的符合性测试应以内部控制制度为基础,对企业现行内部控制制度进行了解和描述,并通过选取一定样本进行抽查核实,最后进行评价,针对薄弱环节提出管理建议。具体内容有下列各点。

1. 了解和描述内部控制制度

了解方法通常可以通过编制流程图、设计问答式调查表和撰写书面说明等方式进行。应付账款内部控制制度的主要内容应从进货凭证的填制、审查和流转是否合理;各部门有关人员的职责分工是否明确;各有关销货过程的重要事项是否有审核和批准制度;账务记录是否及时、正确;计价是否合理等方面进行了解,找出其薄弱环节,并作出书面说明。

2. 测试内部控制制度的执行情况

为了掌握应付账款内部控制制度是否完善、有效和一贯地执行,应在了解企业内部控制制度情况的基础上,运用一定方法进行测试,特别是对薄弱环节进行重点抽样调查。例如:

(1) 审查与样本相关的原始凭证,如订货单、验收单、购货发票等,审查其是否按规定填制、审核和流转,是否与相关明细账户相一致,以证实有关内部控制制度是否被执行。

(2) 抽样检查应付账款明细账和有关记账凭证和原始凭证。审查各种凭证是否正确、合法,凭证与账簿是否记载相符,有否人为地造成会计信息失实,以证实会计记录的内部控制制度是否有效。

(3) 抽查应付账款的计价、计算是否正确,现金折扣是否合理。查看发票和付款凭证,审核其价格是否合理,计算是否正确;如有现金折扣,查明取得现金折扣的账务记录是否真实,还应注意是否有丧失应获得的现金折扣的情况。

3. 评价应付账款内部控制制度

应付账款内部控制制度经过调查了解和抽样审查,审计人员应对此作出分析和评价,以便确定实质性测试的重点,并对薄弱环节提出改进建议。

(三) 应付账款的实质性测试

应付账款的实质性测试,一般包括以下几个方面的工作。

1. 取得或编制应付账款明细表,确认总账与明细账相符

审计人员应对取得的应付账款明细表与总分类账相核对,以确认账账是否相符。如果发现差异,应查明原因,并作出相应的调整。如在审查中发现分类不正确、逾期未支付等不正常情况,应对有关原始凭证和明细账进行审查。应付账款明细表的内容视企业的性质和规模不同有所区别,一般应包括客户名称、期初余额、本期发生额、还款金额、期末余额、逾期金额等。其格式见图表7-1所示。

图表7-1

应付账款明细表

年　　月　　日

客户名称	期初余额	本期发生额	本期还款金额	期末余额	逾期未偿还金额	说明
合　计						

2. 审查大额应付账款,发现可能存在的问题

大额应付账款一般是审查的重点,首先要审查发生的原因是否符合法律规定和合同规定,有否及时偿还的能力;其次要查明是否将逾期欠款多次转期,形成长期借款短期化;此外还要审查有无利用应付账款隐瞒收入,如将已实现的销售收入或分入的投资利润转入应付账款以达到转移利润、偷税漏税的目的。

3. 函证应付账款余额,确定应付账款的正确性

企业应定期向债权人取得对账单,对没有对账单的客户,或对账单金额不符以及余额较大的单位应发函证单进行查询。对平时往来较多而年底没有余额的客户也应发函征询(函证信格式参见图表6-3)。在对账时如发现余额不符,应进一步查明原因,对未回函的,应决定是否再次函证或采用替代程序。

4. 审查未入账的应付账款,防止低估或隐瞒债务

在日常业务中,企业应入账而未入账的应付账款是时常发生的。为了防止低估负债或隐瞒应付账款,审计人员在测试时应注意查找未入账的应付账款。例如:第一,将结算日之前发生的应付账款记入结算日之后的应付账款中,以图虚减当期的应付账款或掩盖可能有问题的账项;第二,商品已到但托收凭证未到的采购业务,在月末未将应付账款按暂估价入账,以低估债务;第三,将应付账款记入其他负债项目,或者记入权益科目以隐瞒债务。所有这些,只有通过凭证和账簿的检查才能发现其问题。

5. 对应付账款进行分析性复核,发现可能存在的问题

有些企业由于负债过重,造成资金周转困难。审计人员在审计时应注意被审计单位的负债比率。一般企业流动资产与流动负债的比率通常以 2:1 左右为好,比率过低往往说明企业资金不足,偿债能力低下。在审计时应注意应付账款占进货的比率和占流动负债的比率,如果比率过大或比以往年度有较大变动时,应查明变动的原因。如有的企业以短期资金支付长期用途,或流动资产管理失当造成流动资产固定化,应向企业提出管理意见。

6. 审查应付账款在资产负债表上的反映是否恰当

根据会计制度规定,"应付账款"科目的借贷方余额应分别列入资产负债表的有关项目中,不能冲抵后列入应付账款项下。其中"应付账款"和"预付账款"科目的贷方余额合计数应在应付账款项目中列示;借方余额合计数应在预付账款项目中列示。此外,凡应付账款以资产为担保的,应在财务报表中予以揭示。

三、应付票据的审计

应付票据是企业购买材料、商品和接受劳务供应等开出、承兑的商业汇票。商业汇票按其承兑人的不同可分为商业承兑汇票和银行承兑汇票。对应付票据的审计应与对应付账款的审计一样,结合购货业务

第七章 负债及所有者权益审计

进行,除了对物资流转的内容进行审计外,还应对应付票据的内容,包括应付票据的内部控制、应付票据的计价、应付票据的到期处理和应付票据的贴现等进行审计。

(一)应付票据内部控制制度的内容

应付票据的内部控制,同样包括购货过程中的凭证流转制度和资金结算账务制度。除了对商品物资的采购、验收和储存各部门执行责任制度和授权批准制度以外,还应对应付票据会计处理的合法性、合理性和计价的正确性进行控制,其中包括:应付票据的登记、复核和交接制度;应付票据的记账、复核和对账制度;应付票据的计价、计息和核对制度。

(二)应付票据内部控制制度的符合性测试

审计人员在了解和描述应付票据内部控制制度的基础上,应对应付票据内部控制制度的执行情况进行测试,然后进行评价。测试的内容主要是:是否建立了"应付票据备查簿",是否按规定登记了票据的各项内容,是否逐笔勾销了到期已经付款的应付票据,是否有已到期而未处理的应付票据;票据的保管人、记账人和署名人是否分工负责,职权分离;抽查复核原始凭证和记账凭证,查明应付票据的计价、利息是否正确,复核原始凭证与记账凭证是否相符和记账凭证与账户记录是否一致。

经过了解和测试应付票据内部控制制度以后,审计人员应用书面评述内部控制制度是否健全有效,哪些控制较强,哪些控制较弱,提出改进意见,并以此确定实质性测试的重点。

(三)应付票据的实质性测试

1. 编制应付票据及其利息明细表并进行核对

应付票据及其利息明细表应由审计人员或企业会计人员编制,审计人员进行复核。应付票据及其利息明细表的格式参见图表 7-2。

图表 7-2 经复核无误后,应与有关数据相核对,以证明记录的正确性。

图表 7-2

应付票据及其利息明细表
年　月　日

客户名称	期初余额	本期增发金额	本期还款金额	期末余额	利息费用	抵押品	说明
合　计							

（1）与有关明细账和总分类账相核对,确定账户、金额记载是否正确。

（2）与财务费用及有关票据相核对,发现有无少计或多计应付利息费用等情况。

（3）核对有关票据的抵押品,审查有无漏列抵押的资产。

2. 确定应付票据的合理、合法性和计息的正确性

为确定应付票据的合理、合法性和计息的正确性,需要审阅原始凭证和记账凭证,如：

（1）审阅原始凭证、记账凭证和购货协议,查明商业汇票是否因购销业务而发生,有无弄虚作假等情况。

（2）审阅应付票据的利息计算单,查明计息是否正确无误,是否已按实付讫。

（3）审阅应付票据明细登记簿和原始凭证,查明是否有逾期未偿还的票据；如有,查明其原因。

3. 函证应付票据

企业结付的应付票据,在审计时应向银行及债权人发函征询,其内容除日期、金额外,应包括利率标准及抵押担保品的情况等。对未回函的,应决定是否再次函证。

4. 确定应付票据在资产负债表上的反映是否恰当

总分类账"应付票据"科目余额应与资产负债表上的应付票据余额核对相符,如有担保抵押资产,应在财务报表注释中说明。

四、预收账款审计

预收账款是指企业在销售产品或提供劳务时,按照合同规定向购货单位和接受劳务单位预收的款项。根据会计制度规定,预收货款较多的企业可以设立"预收账款"科目进行核算,预收货款不多的企业,也可以将预收的货款直接记入"应收账款"科目的贷方,不设立"预收账款"科目。由于预收账款是随着企业销售业务而产生的,所以对预收账款的审计应与对应收账款的审计一样结合销售业务进行。对预收账款的审计应着重下列几点。

1. 审查预收账款的发生是否合理合法

审计人员通过对销货原始凭证和合同协议的审查,应查明预收账款是否正常合理,是否有长期挂账和非法挂账的现象。

2. 审查预收账款余额是否真实正确

审计人员应通过抽查销售合同和有关销售记录,查明企业已实现销售的商品是否及时转销预收账款,保证预收账款余额的正确性。

3. 审查预收账款在财务报表上的反映是否恰当

会计制度规定,"应收账款"科目所属的明细科目的期末贷方余额应与"预收账款"明细科目的期末贷方余额在财务报表中合并填入预收账款项目中作为企业的流动负债。审计时应加以注意。预收账款明细表格式同应付账款明细表一样(见图表7-1)。

五、短期借款审计

短期借款是指企业为生产经营需要而向银行、金融机构等借入的期限在一年以下的各种借款,包括临时借款、结算借款和票据贴现借款等。短期借款一般经过批准借款和签订借款合同或借款协议,取得借款,偿还利息和借款等四个环节。对短期借款的内部控制主要是审查:短期借款合同或协议是否经过企业领导批准;短期借款利率是否按照银行规定支付;借款用途是否合理合法;是否及时归还借款。

对于短期借款的实质性测试,一般应包括以下内容:

(1) 审查有关借款合同或协议,确定借款用途是否合法,借款期限是否适当,借款利率是否符合银行规定,是否有不合理的罚息、罚款规定。

(2) 审查借款凭证和对账单,确定借款是否按规定及时入账,及时使用,及时归还,相关的会计记录是否正确,必要时与银行进行核对。

(3) 检查年末有否已到期而未偿还的借款,有否办理了延期手续,逾期利息是否计算合理,罚息是否计入成本费用。

(4) 涉及债务重组事项,应审查有关协议等法律文件及手续是否齐全。

(5) 审查短期借款在资产负债表上的反映是否恰当,如果是抵押借款,其抵押资产的价值是否已在资产负债表上加以说明。短期借款审定表格式如图表 7-3 所示。

图表 7-3

短期借款审定表

被审计单位名称		编制人		日期		索引号	
		复核人		日期		页次	
会计期间或截止日							

贷款银行或单位名称	发生日期	币种	金额			期限	到期日	年(月)利率	本年利息
			原币	汇率	记账本位币				

附:借款合同复印件。

六、非商品和劳务交易形成的负债审计

除以上因商品、劳务交易形成的负债以外,还有应付职工薪酬、其他应付款等非商品和劳务交易的经济往来款项以及应交税费、应付股利等应上交的款项。审计这些流动负债的共同目标是审查其合法性、真实性和正确性。其内部控制制度主要包括严格的审批复核制度、完整的记录核算制度和严密的计算制度。由于项目分散,分别说明其审计内容如下所述。

(一)应付职工薪酬的审计

应付职工薪酬是指企业按规定应付给职工的各种薪酬,包括工资、职工福利、社会保险费、住房公积金、工会经费、职工教育经费、非货币性福利、辞退福利、"股份支付"等。审计内容包括以下几方面。

1. 审查工资结算的合法性和正确性

对"工资结算单"和"工资汇总表"进行审查和复核,核实职工人数和工资总额,防止可能发生的弊端。

2. 审查职工奖金的合理、合法性

职工奖金要贯彻按劳分配的原则,对重大差异要进行复核,遇有问题的要提出意见,并审查是否按规定代扣个人所得税。

3. 审查账务处理的正确性

核对"工资分配表"和"汇总表",审查各项工资应计入各项成本、费用的科目是否正确,各项代扣款项的计算是否正确。

4. 审查提取福利费、社会保险、住房公积金、工会经费、职工教育经费等是否正确

审查规定的工资总额内容是否正确,提取的比例是否与规定相符,然后复核提取的金额是否正确,是否符合有关规定,是否使用正确的会计科目。

5. 审查职工福利奖励的使用是否按照财务规定严格执行

(三)应交税费的审计

应交税费是指企业应交纳的各种税金,包括消费税、增值税、营业

税、城市维护建设税、房产税、车船使用税、土地增值税、土地使用税、所得税、资源税和个人所得税教育费附加等。企业交纳的印花税以及其他不需预计应交数的税金不计算应交税金。企业依法纳税，及时足额地向国家交税，是企业应尽的义务，也是审计工作的一个重要任务。应交税金审计的内容如下所述。

1. 审查应交税费计算的正确性

确定应计和已交税费的记录是否完整，获取或编制应交税费明细表，复核加计正确并与总账、明细账及累计报表核对。

2. 审查应交税费的一致性

核对年初应交税费数与税务机关认定数是否一致，如有差错应查明原因。

3. 审查被审单位的相关资料

审查被审计单位的适用税种、计税基础、税率以及征税、免税、减税范围和期限，并与税务机关批准文件进行核对。

4. 审查应交税费披露的充分性

验明应交税费披露是否充分。

应交税费的税种繁多，税率各异，近年来又作了很多变革，审计时应查明企业应交的税费项目，其中特别是增值税和所得税应作重点审查。

1. 增值税的审查内容

增值税是一项新的税目，影响面很广，开征以来发现的差错和弊端也很多，审计时应特别注意专用发票的管理和使用，进项税款的扣抵和账务的处理等事项。

审计内容包括：

（1）增值税的发票取得、保管和使用是否合理，审查纳税人是否妥善保管专用发票，是否向规定地点取得专用发票和指定专人保管专用发票，有无向他人提供专用发票以及任意损毁或拆本使用专用发票等行为；审查纳税人是否有借用、伪造或涂改专用发票的行为，有无非法取得专用发票或漏开专用发票达到偷税、漏税目的的违法行为。

(2) 审查进项税扣除是否正确,有无将购入不得抵扣进项税额的设备、工程材料等固定资产化整为零,以零配件入账从而少交税款(抽查情况表格式如图表 7-4 所示)。

图表 7-4

应交税费——增值税(进项税额)抽查情况表

抽查时段 200×年×月至×月　　　　　　单位:元

被审计单位名称						
项　　目	行次	抽　查　数				情况说明及审计意见
		17%	13%	10%	小计	
购进货物	1					
接受应税劳务	2					
接受投资	3					
接受捐赠	4					
待摊费用转入	5					
减免税进口货物	6					
	7					
	8					
减:退货、折让	9					
	10					
	11					
	12					
	13					
	14					
合　　计	15					

抽查人员　　　　　日期　　　　　复核人员　　　　　日期

(3) 复查增值税计税基础的销售额的正确性,有无将各种价外收入不计入销售额内(复查表格式如图表 7-5 所示)。

图表 7-5

应交增值税复查表

被审计单位名称		编制人		日期		索引号	
会计期间或截止日		复核人		日期		页次	
月份							
1							
2							
3							
4							
5							
6							
7							
8							
9							
10							
11							
12							
合计							

(4) 使用税率是否正确,有否将兼营不同税率的商品及应税劳务分别计算。

以上这些偷税、漏税现象在一般报表上不易发现,审计人员只有通过审查企业的原始凭证和账务处理才能发现这些问题。对其他各种税目也应根据这一精神加强审查。

2. 所得税的审查内容

应交所得税是应交税金的重点,审计时应查明所得税额是否真实、正确,所得税率是否符合规定,年终结算汇交是否正确。具体详见第九章。

(四)应付股利的审计

应付股利是指企业应付给投资者的利润,包括企业应付给国家、其他单位和个人的投资利润,以及股份有限公司经董事会或股东大会决定并宣告分配给股东而未支付的股利。对应付股利的审计,主要包括以下各点。

1. 审查应付利润的数额和程序是否合理

企业实现的利润,应首先支付滞纳金、罚金和弥补亏损,然后提取公积金和向投资者分配利润。利润的分配要留有余地,以丰保歉。因此在审计时应以国家分配政策和企业实际经营情况为依据,评价其分配是否合理。

2. 审查利润分配是否符合政策

审查企业是否贯彻投资者同股同利、同资同利的原则,是否贯彻国家、企业和个人三者利益相结合的原则,是否及时分配利润,是否拖欠投资者应得的利润和应交国家的利润。

3. 审查会计记录是否记载正确

核对"应付股利"科目余额是否与资产负债表上反映的应付股利项目相符。

(五)其他应付款和其他应交款

其他应付款是指除应付账款以外的其他应付、暂收单位和个人款项。如存入保证金,租入固定资产和包装物的租金,各种临时应付未付、暂收款等。其他应交款是指企业除应交税金、应付股利以外的其他各种应上交的款项,如应交的教育费附加、住房公积金等。其他应付款和其他应交款审计与上述各种应付、应交款的审计内容基本相同,但其他应付款的内容往往比较复杂,审计人员对数额比较大的项目应作个别的重点检查。

第二节 非流动负债审计

非流动负债是指偿还期在1年或超过1年的一个营业周期以上的债务,包括长期借款、应付债券和长期应付款项。非流动负债一般数额比较大,偿还期长,主要用于扩大经营、扩建厂房、添置设备等长期性投资,投资风险比较大,利息负担也比较高。为了保障债权人和借款人的合法权益,国家对于企业举借长期负债有着比较严格的规定,对企业的长期负债进行严格的审计监督能促使企业扩大生产,提高效益。

一、非流动负债审计的目标

非流动负债审计意义比较重大,其审计目标主要有:了解和确定内部控制制度是否存在,是否一贯被遵守;确定非流动负债的取得是否合法、合规;使用是否合理、有效;记账、记录和计算是否正确合理,是否遵守法律规定和契约合同规定;抵押所有权的归属和计价是否正确;余额在会计报表上的反映是否恰当,等等。

二、长期借款的审计

长期借款是指企业向银行或其他金融机构借入的归还期在1年以上的各种借款。它可用于购置长期资产,也可用于添购流动资产。借款程序包括长期借款的授权和批准,借款合同的签订和履行,借款的担保和抵押以及借款的使用和偿还等。长期借款可以促进企业扩大生产和提高效益,但如处理不当,也可能造成重大负担,必须进行严格的审计监督。

(一)长期借款内部控制制度的内容

长期借款内部控制制度的内容有:企业举借长期借款必须有一个严格的预测和审批制度,签订借款合同须经企业最高领导批准,借款的

第七章 负债及所有者权益审计

借入、使用和偿还须根据领导的授权审批;企业内部应建立借款的管理和监督制度,规定借款的借入、使用、监督和归还额度,加强各部门的联系和制约;加强账务的核对、调节和分析,提高资金使用的有效性和效益性。

(二)长期借款内部控制制度的符合性测试

审计人员对长期借款进行审计时,应首先对其内部控制制度进行调查了解和符合性测试,测试时应注意下列问题:企业举借长期借款是否经过公司领导批准,有否经过预测;企业长期借款的使用和偿还是否经过领导的授权审批,是否核对用款计划和借款合同;企业长期借款是否及时入账并经常核对,是否取得借款机构的对账单定期进行核对和调节;银行借款的利息是否定期结算,利率是否符合银行规定,有否发现逾期罚息,其利率是否符合规定;长期借款是否有抵押物资作为保证,其手续是否符合规定。

(三)长期借款的实质性测试

长期借款的实质性测试和短期借款相似,一般有以下几项工作。

1. 编制长期借款明细表

明细表经过审核后,(审定表格式同图表 7-3)应核对其与明细账是否相符,明细账与总分类账是否相符,借款余额与借款人的对账单是否相符,必要时应向债权人进行函询。

2. 审核原始凭证和借款合同

应查明借款的领取、使用和偿还是否合理正确,有否经过授权审批,是否符合借款合同的规定。

3. 审核长期借款的计价和利息

应审核长期借款的计价是否正确,利息费用和外币结算是否正确;是否有逾期还款情况,如有,应分析其原因。

4. 审核长期借款在财务报表上的反映是否恰当

对于将于 1 年内到期的长期借款应审核其是否已扣除并列入"一年内到期的长期负债"项目单独反映,对于借款的抵押和担保应审核其是否在报表的注释中作了说明。

三、应付债券的审计

应付债券是企业为了筹集长期资金而实际发行的债券及应付的利息。发行企业债券是一种筹措长期资金的手段。企业债券也称公司债券,可以依照法定程序向社会发行,并约定在一定期限内还本付息。企业发行债券必须严格遵守国家关于债券发行和管理的规定。

(一)应付债券内部控制制度的内容

发行债券的业务是比较复杂的,但国家已制订了一套具体规定,是有法可依的。企业也应制订内部控制制度,予以制约和管理。其内容一般包括以下几点:

(1)债券的发行必须经过董事会批准,债券的回购和偿还必须经过授权和审批。

(2)发行债券应向有关机构递送申请文件,履行审批手续。发行债券的章程和办法、投资的可行性研究均须经董事会讨论通过,各项条件均须贯彻合理、合法和实现经济效益的原则。

(3)实行责权分离制度。记录应付债券业务的会计人员不得参与债券发行,未发行的债券必须有专人负责。

(4)债券持有人明细账户应定期与总分类账核对相符;如由外部机构保存,应定期与外部机构核对;债券利息或定期还本付息,应按契约规定及时支付,并核对相符。

(5)申请发行时上报的财务报表和年度财务报表应经注册会计师鉴证。

应付债券的内部控制制度应按规定经审计人员了解、分析和评价,然后进行实质性测试。企业发行债券的业务一般不多,审计人员可能直接进行实质性测试,但上述工作内容仍然是重要的。

(二)应付债券的实质性测试

应付债券的实质性测试,一般应包括以下各点。

1. 审查企业发行债券的合理、合法性

审计人员对企业发行债券应从下列各点审查其合理性和合法性：

(1) 审查企业是否向国家有关部门提供了有关文件并取得了有关部门的正式批文。

(2) 审查是否经董事会或企业最高领导部门批准。

(3) 审查企业为发行债券提供的抵押资产是否真实可靠。

(4) 审查企业发行债券时所提供的可行性研究是否切实可行。

(5) 发行债券是否会给企业带来经济效益或造成沉重负担。

2. 取得或编制应付债券明细表并核对有关会计记录

审计人员应取得或编制应付债券明细表并与有关会计记录相核对。应付债券明细表一般包括债券名称、承销机构、发行日、到期日、债券面值、实收金额、折价、溢价及其摊销、应付利息及担保情况等内容。

通过应付债券明细表，审查以下各项内容：

(1) 将债券明细表与有关明细分类账和总分类账核对，审查其账账是否相符，必要时可向承销人或包销人函证。

(2) 审查企业为发行债券提供的抵押资产是否真实可靠。

(3) 按市场的实际利率计算，审查债券价格的确定是否合理，审查企业债券的溢价或折价摊销方法是否合理、正确。

(4) 向债权人发函征询应付债券期末余额是否真实，如债券发行由代理机构代办，可向代理机构征询。

(5) 审查应付债券在会计报表中的反映是否恰当。例如，在一年内到期的应付债券是否转列流动负债项目；长期负债中列示的应付债券是否在附注中分类反映；应付债券的抵押资产是否在附注中说明。

四、长期应付款的审计

长期应付款是指企业除了长期借款和应付债券以外的其他各种长

期应付款项,包括采用补偿贸易方式应付引进国外设备价款、应付融资租入固定资产的租赁费等。长期应付款的内部控制制度与其他长期负债一样,主要有授权审批制度、管理监督制度和账务核对制度,其内容不再重复。对其实质性测试主要说明以下各点。

(一) 审查长期应付款的合法性和真实性

审查长期应付款的合法性和真实性的内容包括:审查长期应付款的有关合同和契约,查明是否经过审批,是否符合法律和制度规定;审查明细账的余额与总分类账是否相符;审查账户设置是否正确,账务处理是否妥善。

(二) 审查长期应付款的本息计算是否正确

审查补偿贸易引进设备应付款是否按设备、工具、零配件等的价款以及国外运杂费的外币折合为人民币记账;融资租入固定资产是否按交付的融资租赁费及发生的安装调试费入账;对长期应付款所支付的利息和有关费用,在竣工决算前发生的是否计入固定资产的原值,其他利息及有关费用是否计入当期损益。

(三) 函证长期应付款的余额

长期应付款余额较大时,审计人员可向国外供货商、租赁公司及有关单位进行函证,并与长期应付款余额相核对。

(四) 确定长期应付款在财务报表上的披露是否恰当

按规定,"长期应付款"应与"其他长期负债"在资产负债表中分别填列,其中"长期应付款"科目的期末余额,应扣除将于一年内到期的长期应付款的数额填列,该扣除数应填列在流动负债下的"一年内到期的长期负债"项目。

五、预计负债审计

预计负债是指过去的交易或者事项形成的潜在义务,其存在须通过未来不确定事项的发生或不发生予以证实。包括对外提供担保、未决诉讼、产品质量保证、重组义务、亏损性合同等。例如应收票据贴现后,如果付款人到期不能偿付,贴现人就负有代为偿付的责任,因此应收票据向银行贴现后就成为一项预计负债,还有应收票据抵借、通融票据背书保证和其他债务的担保,这些都是由于第三者的原因而可能承担的债务。另外一种是企业可能对外直接发生的潜在债务,如法院尚未作出判决的未决诉讼案件、税务机关尚未作出定案的追加税款和税务纠纷等都属此类。企业与外界订立的待执行合同变成亏损合同或履行合同义务中,发生的成本预期将超过与合同相关的未来流入经济利益也属预计负债。

(一)预计负债的审计目标

预计负债审计的主要目标是确定其在资产负债表及附注中所反映金额的真实性,所确认的金额是否所需支出的最佳估计数;有否符合或有事项相关义务确认为预计负债的条件,包括:该义务是由企业承担的现时义务;履行该义务可能导致经济利益流出企业50%以上;该义务的金额能够可靠计量等方面。

(二)预计负债的审计程序

预计负债的审计分调查了解、查阅文件、发函征询、分析案件和提出意见五个程序,包括:向企业管理当局和有关部门询问预计负债的情况,询问对象包括企业经理、法律顾问、业务、财务等负责人,询问内容包括本企业应反映的预计负债的种类是否列入账册报表,上年度预计负债处理情况和本年度可能遗漏等;复核企业董事会、行政会议有关记录和审计工作底稿,寻找可能的发生预计负债资料;向银行、税务机关和有关单位发函询书,征询预计负债的情况;对重要案件进行分析,确定哪些应列入预计负债,哪些不应列入预计负债,哪些将会发生损失的可能性比较大,应采取哪些措施;提出处理意见。

第三节 所有者权益审计

所有者权益是指企业资产扣除负债后由所有者享有的剩余权益。

即投资人对企业净资产的所有权,净资产是企业全部资产减去全部负债后的净值。其中包括实收资本(或股本)、资本公积、盈余公积和未分配利润。所有者权益审计就是对企业所有者权益及其增减变动的合法性和真实性进行审计,鉴定并确认企业净资产以保护企业债权人及投资人的利益。

一、所有者权益的审计目标

所有者权益的主要审计目标包括以下各点:

(1) 确定企业所有者权益内部控制制度是否存在、有效,是否被一贯遵守。

(2) 确定企业的实收资本、资本公积的形成和增减变动是否符合法律、法规、合同、章程的规定,其会计记录是否正确完整。

(3) 确定企业的盈余公积和未分配利润的形成和增减变动,利润分配的决议和分配方案是否符合法律、法规、合同、章程的规定,其会计记录是否正确完整。

(4) 确定企业所有者权益的年末余额是否正确,在会计报表上的反映是否恰当。

二、所有者权益内部控制制度的内容

对所有者权益业务的审计,一般应首先对其内部控制制度进行审查,通过对相关内部控制制度的调查、了解,用以拟定审计程序、审计方式及实施步骤。内部控制制度的内容一般有以下几个方面:企业的一切资本变动必须依照国家的法规和企业的章程规定,经企业董事会或股东会议决议,并经国家有关管理部门批准,如企业的增股扩股,企业的资本公积、盈余公积转增资本以及发放股利和股票分割等都应经股东会议决定;从事所有者权益的业务管理人员都必须有内部分工制度和职责分离制度,如投入资本的入账、保管,资本公积和盈余公积的提取和使用等,其审批权限必须经企业领导授权;股票的保管、现金的收支和会计记录应由不同人员分别分工负责;对所有者权益的核算,应建立完善的账簿体系和健全的会计凭证的记录和复核制度,保证投资者权益不受损害。

三、所有者权益内部控制制度的符合性测试

所有者权益业务数量较少,但业务性质很重要,因此有些企业直接通过详查法进行审计。业务较多的单位,则仍通过内部控制制度的符合性测试来确定其审计范围。采用的方法主要是审阅企业的有关制度,进行询问调查,实地观察和抽查测试,最后作出评价。抽查测试的主要内容包括:批准授权制度和职责分工、职权分离制度的抽查;会计凭证和账簿记录制度执行情况的抽查等,具体内容不再重复。

四、所有者权益的实质性测试

所有者权益的实质性测试一般采用详细审查的方法。审查人通过对有关原始凭证和会计记录的审阅和核对,对有关财产实物的核对和鉴定以及向投资者和有关方面的函证等方式,审查所有者权益的各个项目的合法性、真实性和正确性。在审计以前,审计人员应首先查阅企业的合同、章程及董事会(或最高当局)的有关规定,了解掌握投资总额、出资方式、出资期限、利润分配、资本公积的形成和使用,盈余公积的提取和使用等决定,并应向企业索取或自行编制有关科目明细表,以便与会计记录进行核对,下面从投入资本、资本公积、盈余公积和未分配利润等四个方面加以说明。

(一)投入资本的实质性测试

所有者投入资本是通过"实收资本(或股本)"科目核算的。实收资本主要是在企业设立时、增资扩股时、企业资本公积和盈余公积转增资本时以及业务发生变化或企业发生重大亏损减少资本时发生的,都必须经国家有关部门和董事会或股东会议批准。具体测试内容包括以下

各点。

1. 审查投入资本的数额和比例是否符合法律规定

根据我国公司法规规定,企业申请开业必须具备国家规定的最低资本限额,经法定的验资机构验资并出具证明。由于各类企业的性质不同,我国《公司法》和《中外合资经营企业法》分别规定了有限责任公司、股份有限公司和中外合资经营企业的资本数额和投资比例。如《公司法》规定有限责任公司的注册资本不得少于下列最低限额:以生产经营为主的公司为人民币50万元;以商品批发为主的公司为人民币50万元;以商品零售为主的公司为人民币30万元;科技开发、咨询、服务性公司为人民币10万元;股份有限公司注册资本的最低限额为人民币1 000万元;但以募集设立方式设立的股份有限公司,其发起人认购的股份不得少于公司股份总数的35%;股票经批准在证券交易所上市交易的股份有限公司,其股本总额不少于人民币5 000万元,但持有股票面值达人民币1 000元以上的股东不应少于1 000人;向社会公开发行的股份达公司股份总额的25%以上,公司股本总额超过人民币4亿元的,其向社会公开发行股份的比例应为50%以上。

中外合资经营企业的注册资本没有特殊的规定,但外国合营者的出资比例一般不低于注册资本的25%。注册资本占投资总额(即注册资本与借入资本之和)的比例,规定投资总额在300万美元以下的(含300万美元),其注册资本应占7/10;投资总额在300万~1 000万美元的,其注册资本应占1/2,其中投资总额在420万美元以下的,其注册资本不得低于210万美元;投资总额在1 000万~3 000万美元的,其注册资本至少应占2/5,其中投资总额在1 250万美元以下的,注册资本不得低于500万美元;投资总额在3 000万美元以上的,其注册资本至少应占1/3,其中投资总额在3 000万美元以下的,注册资本不得低于1 200万美元。企业在增加投资时,其追加的注册资本与增加的投资额也应符合上述比例关系。

第七章 负债及所有者权益审计

要核实投入资本的数额和比例是否符合规定,审计人员必须分清企业的性质,根据国家的法律规定,企业的章程、合同和各种投资业务的出资证明等资料进行审查。要求核实投入资本的数额必须符合国家规定的最低限额;投资金额必须与验资证明相符;各种投资比例如中外合资经营企业中外方投资者的出资比例,注册资本与投资总额的比例,股份有限公司发起人认购的股份和公开发行的股份占股份总数的比例,都必须符合制度规定。

2. 审查投入资本的出资方式和出资期限是否符合规定,是否真实

出资方式是指投资所采用的方式,包括货币资金投资、实物投资和无形资产投资等。出资期限是投资所规定的缴纳资金的期限,如一次缴纳和分期缴纳等。审计人员在审计时必须查明其合法性和真实性。对投入资本的出资方式,国家和企业的合同章程都有明确规定,如投入货币资金必须全额及时解入被投资企业在银行开立的账户或临时账户;解款人的姓名必须是投资人的姓名;其投入的资金一般应为可自由兑换的外国货币,如以在我国投资所得的合法利润作再投资时可用人民币,但须征得所在地外汇管理部门的同意。对投入的实物资产必须是投资企业生产和经营所必需的,而且为投资人自己所有的。投资者已设立有担保物权及租赁资产不得作为投资物资。投资者以专有技术、专用权等无形资产出资的,其出资额一般不得超过注册资本的20%。

出资期限是对投资者缴足其认缴资本的时间界限。出资期限有的是法律所规定的,有的是企业合同、章程所规定的,但合同、章程所规定的期限必须符合法律的规定。根据《合同法》规定,我国有限责任公司投资人按照公司章程中规定的各自所认缴的出资额后,经法定的验资机构验资并出具证明,才能申请设立登记。股份有限公司应当缴足发行股份的股款后,经法定的验资机构验资并出具证明后才能召开公司创立大会,然后才能申请设立登记。所以两者都是一次性缴纳股金,实收资本与资本总额(又称注册资本)相等。但外商投资企业投资者的出

资额可以分期缴纳,企业只要按规定凭批准证书和规定文件向工商行政管理部门申请登记。外国投资者分期出资时,其第一期出资额应在营业执照签发之日起 3 个月内缴清。出资额的比例应不少于认缴出资额的 15%,其最后一期出资应当在营业执照签发之日起 3 年内缴清。如果规定一次缴清的,合营各方应当从营业执照签发之日起 6 个月内缴清。如果合营一方未能按合同规定如期出资,即构成违约,守约方可依法要求赔偿。

以上各点,审计人员应根据法令制度的具体规定和合同、章程的内容结合有关原始凭证进行审查。对投入的货币资金,应查明是否确实存入企业的开户银行,是否在验资后又抽回资本,或变相抽回资本;对投入的实物资本,应查明是否办理了验收手续,其中属于房地产类的固定资产应审查其所有权的证明文件,并查明其是否有用抵押后的资产作为资本的情况;对投入的无形资产应查明是否接收了有关的技术资料或办理了法律手续,其投资效果是否符合文件规定,其投资额度是否超过应有比例。对各投资方的出资期限,应查明是否按照法律规定或合同章程规定执行,是否尚有拖欠资本或擅自改变资本金额和资本比例的情况。

3. 审查注册资本增减变动是否合法

我国《公司法》规定,有限责任公司和股份有限公司对公司增加或者减少注册资本应由股东大会作出决议,并依法向公司登记机关办理登记。企业筹集资本金后,在生产经营期间内,投资者除依法转让外,不得以任何方式抽走。如因特殊需要而减少注册资本时,必须编制资产负债表及财产清单,在作出决议之日起十日内通知债权人。债权人在规定期限内,有权要求公司清偿债务或者提供相应的担保。公司减少资本后的注册资本不得低于法定的最低限额。审计时,审计人员应根据有关凭证,验证资本的增加或减少是否按照法律规定审批;增加资本时,是否按照公司缴纳出资的有关规定执行;减少资本时,是否通知了债权人,减少后的注册资本是否不低于法定的最低限额等。

对于中外合资经营企业,法律规定注册资本在合营期内不得减少,但资本额可以追加或转让。追加或转让时,须经由董事会会议通过,并报原审批机关批准。增资时,合营各方投资比例不能改变;转让时,必须经合营各方同意,合营另一方并可优先购买对方转让的出资额。中外合作企业的外国合作者可按合同规定,在合作期限内先行收回投资,但中外合作者应当依照有关法律的规定和合同的约定,对合作企业的债务承担责任。审计人员应根据中外合营、合作企业的特殊规定,审查其增资和收回投资是否合法合规,并检查变更验资证件和有关原始凭证,核实其增资资金是否到位,外汇结算是否符合规定,账务处理是否正确,是否照顾到合营、合作各方的利益。

股份有限公司上市股票的增资和转让,应根据证券管理部门的有关规定进行审查。

4. 审查投入资本的计价是否正确、合理

投资者投入的货币资金应根据出资清单查阅有关原始凭证和记账凭证,重点应检查程序和手续是否完备,是否按规定全部验收入账;记账本位币及其他币种的折合汇率是否合理,投资汇率的折算差异是否作为资本公积入账。实收资本总账与明细账,明细账与原始凭证和收款通知是否相符。对投资者以实物资产投资的,应查阅出资清单、价值鉴定证明、资产评估报告;重点查明新的设备和建筑是否以合理的工程结算价格为投资的计价依据,旧的设备和建筑是否经过资产评估,引进的设备是否取得商检部门的检验证明。以国有资产投资时,应查明是否经过资产评估机构评估,并经过国有资产管理部门或由其授权委托的主管部门确认。以无形资产投入的资本,应根据有关证明文件、技术资料和评估报告重点检查技术投资是否经过有关专家鉴定,是否根据评估确认的价值入账,土地使用权投资是否根据实际支付的价款和土地使用费用的缴纳标准计算其价值。对于各项投资的会计核算,应查明账务处理是否正确,总账与明细账是否相符,明细账与各项实物是否相符。

5. 审查投入资本在会计报表上的披露是否恰当

审计人员在核对账务的基础上,应进一步查明实收资本总账的余额是否与资产负债表上的实收资本相符,在会计报表上应予注释的事项是否分别予以揭示。

(二)资本公积的实质性测试

资本公积是企业因非经营性因素形成的不属于投资人直接投入的资本,包括资本溢价、法定财产重估增值、接受捐赠资产和资本汇率折算差额等。资本公积主要用于弥补亏损或转为实收资本。资本公积的审计主要是审查其形成和使用的合法性、真实性和核算的正确性。主要测试的内容有:

(1) 检查资本溢价是否在企业吸收新的投资者时形成,是否经董事会决定并报原审批机关批准。

(2) 审查资产价值重估是否经评估机构执行,是否符合评估法规,是否经有关部门批准。

(3) 审查接受捐赠资产是否经过交接验收,是否取得报价并经评估确认,是否计入资本公积账户。

(4) 审查企业由于外汇牌价变更所引起的资本汇率折算差额是否按合法的国家外汇牌价折算,或由投资方合同约定的汇率折算。

(5) 弥补亏损或转增资本金是否经股东特别会议通过。

(6) 审查形成资本公积的各项财产计算是否正确,是否与原始凭证相符,是否经过审查核对,资本公积的使用是否计算正确,与原始凭证是否相符。

(7) 编制资本公积明细表(如图表 7-6 所示),审查总账与明细账的余额是否相符,明细账与会计记录是否相符,确定资本公积在会计报表上的披露是否恰当,有关资本公积的情况在会计报表注释中是否做了充分反映。

第七章 负债及所有者权益审计

图表 7-6

资本公积明细表

被审计单位名称			签 名	日 期	索引号
		编制人			C2-1
审计项目	资本公积	复核人			页次
会计期间或截止日					

索引号	项　　目	金　　额	备　　注
	年初余额		
	本年增加数		
	其中：		
	本年减少数		
	其中：		
	年末余额		
	其中：(1) 资本或股本溢价		
	(2) 接受捐赠		
	(3) 资产评估增值准备		
	(4) 股权投资准备		
	(5) 外币资本折算差额		

　　审计结论：余额（　　可以）确认。

　　　　　　年初余额与上年度经审定的会计报表余额（相符）（不相符）。

（三）盈余公积的实质性测试

盈余公积是企业按规定从税后利润中提取的公积金。盈余公积可用于弥补亏损或者用于转增资本金和分配不超过一定比率的股利。盈余公积的实质性审计就是审查盈余公积的形成、使用及其余额的合法性和真实性。主要内容有以下各项。

1. 审查盈余公积形成的合法性和真实性

审查盈余公积的提取是否合法，法定盈余公积是否按国家规定比例提取；任意盈余公积和公益金是否按企业章程或董事会决定提取，提取金额是否计算正确。

2. 审查盈余公积使用的合法性和真实性

审查盈余公积的使用是否合法，是否用于规定用途并经过批准。动用盈余公积分配普通股股利、弥补亏损或转增资本金是否经股东特别会议批准，分配股利是否按规定不超过股票面值的 6%，在分配股利、弥补亏损或转增资本金后，企业的法定盈余公积金是否不低于注册资金的 25%。

3. 审查盈余公积余额的合法性和真实性

审查盈余公积金的提取、使用是否按照会计制度进行记录，凭证和明细账是否相符，明细账是否与总账相符，总账是否与会计报表的余额相符，确定盈余公积在会计报表上的反映是否恰当，在会计报表注释中是否作了充分反映。

（四）未分配利润的实质性测试

未分配利润是企业没有分配给投资者也无指定用途的未作分配的净利润。未分配利润的实质性测试主要是：

（1）审查未分配利润增减变动的记录是否完整正确。

（2）审查年末未分配利润的合法性和真实性。

（3）审计企业未分配利润的计算是否正确。在审查时应检查下列计算公式中各项目的金额是否正确：

$$\text{本年累计的未分配利润} = \text{上年末累计未分配利润} + \text{本年全年实现的净利润} - \text{本年已分配利润数}$$

$$\text{本年已分配的利润} = \text{被没收财产损失和滞纳金、罚款总额} + (\text{应由税后利润弥补的亏损} - \text{盈余公积补亏}) + \text{提取盈余公积} + \text{应付股利}$$

此外，还需审查企业未分配利润是否按规定并入下年度向投资者进行分配，或留待以后年度弥补亏损。

复习思考题

1. 流动负债的审计目标是什么？
2. 应付账款的实质性测试一般包括哪几个方面？
3. 应付工资和应付福利费的审计内容有哪几点？
4. 审计应交增值税时应注意哪几点？
5. 长期负债的审计目标是什么？
6. 如何进行长期借款的实质性测试？
7. 如何进行应付债券的实质性测试？
8. 或有负债的审计与其他审计项目的审计有什么不同？它的审计程序有哪几点？
9. 所有者权益的审计目标是什么？
10. 如何审查投入资本？
11. 如何审查资本公积？
12. 如何审查盈余公积？

第八章

收入、成本和费用审计

学习目标 本章主要阐述收入和成本费用的审计目标、范围和内容。通过学习,要求了解收入和成本费用审计的含义和目标,明确收入和成本费用审计的范围和内容,掌握营业收入、产品成本和期间费用等主要项目审计的知识和技术。

收入是指企业在日常活动中形成的会导致所有者权益增加的与所有者投入资本无关的经济利益的总流入。成本是指企业为生产产品提供劳务而发生的各项耗费。费用是指企业在日常活动中发生的会导致所有者权益减少的与向所有者分配利润无关的经济利益的流出。收入扣除成本和费用及所得税后形成了企业一定时期的净利润。收入、成本和费用及利润是企业利润表的主要内容,它不仅反映了企业的盈亏情况是否真实、正确,而且可以作为审计人员提出增加收入,降低成本费用,提高企业经济效益的重要依据,因而对收入和成本费用的审计是国家、企业管理当局、股东、债权人和所有职工所共同关心的项目,也是审计工作的一个重要方面。

收入的审计范围主要是营业收入包括主营业务收入和其他业务收入。成本费用审计主要包括生产费用、生产成本、主营业务成本、其他业务成本、期间费用和营业税金及附加。收入、成本和费用有密切的关系,二者具有相互的因果关系和相互配比关系,在审计时应审查两者的归属期间是否适当,不同费用项目是否与不同的收入来源相对应。

第一节 收入、成本和费用的审计目标

收入、成本和费用的总体审计目标是确定企业的各项收入成本和费用是否真实、正确,财务处理是否符合《企业财务通则》和《企业会计准则》的要求,具体包括:

(1) 确定被审计单位有关的收入、成本费用的内部控制制度是否确实存在,是否有效,并一贯地被遵守执行。

(2) 确定各项收入、成本费用的记录、计算是否真实、正确和完整,是否与《企业财务通则》和《企业会计准则》相符合。

(3) 成本和费用的核算是否以权责发生制为基础,收入与其相关的成本费用是否相互配比,费用的归属期是否适当,分配是否合理。

(4) 确认本期已实现的收入是否都已入账,是否均已收到,各类收支项目的分类是否恰当。

(5) 对收入和成本费用资料进行对比分析,查明其波动原因。

(6) 确定企业收入和成本费用在会计报表上的披露是否恰当,应说明的问题是否已充分反映。

第二节 营业收入审计

营业收入是指企业生产经营活动中由于销售商品、产品和提供劳务等所取得的收入,包括主营业务收入和其他业务收入。在工业企业中,主营业务收入主要是销售商品和提供劳务的收入。其他业务收入主要是不独立核算的其他业务所产生的收入,主要包括材料出售和外购商品出售收入,固定资产和包装物出租收入,无形资产转让收入以及提供各种非工业性劳务所取得的收入。其他业务收入数额虽然不大,但在管理上容易产生弊端,审计时应予注意。

一、营业收入内部控制制度的内容

营业收入是随着产品销售业务的发生而实现的。企业必须在销售过程的各个环节上建立必要的内部控制制度,确保所有收入都能及时入账,各项业务都有专人负责,预期经营目标能够提前实现。其内容一般包括:建立销售计划责任制度和销售合同管理制度,由销售部门按照市场需要编制销售计划,并指定专人负责销货合同的签订、记录和监督执行;建立物资和凭证流转制度,有关人员有权有责,相互制约,保证物资和资金按序流转,完整无缺;建立健全的开票和结算制度,指定专人负责开票和收款,对照合同,审核价格,并执行先结算后发货制度,防止差错;建立发货、退货、销售折扣与折让的责任制度,仓库要根据发货凭证发货,凭出门凭证放行,退货要先经审批,按规定办理收货、退款和记账手续,销售折扣和折让要经过审批,并根据红字"专用发票"扣减销项税款;建立合理的记账、对账和复核制度,确保收入能及时入账,账账能核对相符,逾期应收账款能及时催收,计价能及时审核。

二、营业收入内部控制制度的符合性测试

审计营业收入时,首先应对内部控制制度进行了解描述,然后进行必要的测试,以便找出薄弱环节,确定实质性测试的重点。符合性测试的主要内容包括:抽查销售收入明细账的记录,审查取得的销货款收入是否与收到的销货款及应收销货款相符,是否符合有关收入实现的规定,是否与销货合同相符;抽查销货发票,审查填制手续是否完整,计算有无错误,有关账户记录是否正确;抽取货运文件样本,与相关销货发票核对,以确证所有发出的货物是否均已开具发票;抽查销售折扣、销售退回和销货折让通知单,核对其金额计算是否正确,内容有否经过审查,货款是否退给客户,记账是否正确;抽查会计处理程序是否合理正确,能否及时结算,及时记账,及时催收货款。

三、营业收入的实质性测试

营业收入的实质性测试主要审查营业收入的记录是否真实、正确，包括收入的数量和计价是否正确，账务处理是否合理、真实；有无隐瞒、虚收或欺诈现象。

（一）审查营业收入是否按时正确入账

1. 审查各种结算方式

销售收入可用现金或支票结算，可以赊销入账，也可以采用托收承付、分期收款和汇兑结算等不同方式结算。审计人员应重点审查各种结算方式是否按规定入账。应计收入与实际收入是否一致，是否有虚增或虚减本期收入的情况。

2. 审查营业收入是否有提前或推后入账情况

有的企业为了虚构利润，往往将下年度的营业收入于年前提前入账，或者在年前开出空头发票，次年初用红字发票冲回；有的企业则为了使当年利润推后在下年度实现，采用当年销售收入改在下年度入账，或者保留在其他应付款项内留待下年度计入销售收入。审计人员应重点检查年终和年初开出的发票并与销售明细账核对看其是否相符。

3. 审查销货发票

主要检查企业的销货发票是否真实，是否连续编号完整无缺，有无涂改或抽调情况。

（二）审查营业收入的计价是否合理

审查营业收入的计价是否合理主要有两个方面：一是审查企业提供的产品是否明码标价，价格浮动幅度是否合理，是否有以次充好，牟取暴利的情况。二是审查营业收入是否正确入账，是否有低价入账转移收入或向购货方取得价外补贴记入小金库等情况。

（三）审查销售折扣、销售退回和销售折让是否正确

销售折扣、销售折让和销售退回分别是为了及早收回货款或因出售商品、产品规格不符而给客户一定的折扣、折让或退货。审计时应查

明其原因是否真实,并通过检查原始凭证和记账凭证,审查单证是否经过审批,退款、退货是否实在,有否借故转移收入。同时要审查销货折扣、折让和退回的数额是否正确,退回的商品或产品是否经验收入库,销售折扣和折让是否已及时足额退还给客户。

(四)审查营业收入会计处理是否真实,手续是否健全

抽查营业收入的有关凭证和账簿,核实其记录是否正确,账账是否相符,所取得的销售收入是否和已收到的销货款及应收账款相符,有无不通过"主营业务收入"科目进行核算。

抽查账务处理手续是否健全,各项凭证是否经过复核,科目应用是否正确,入账是否全面。审计人员应该根据营业收入明细账户,结合银行存款、现金、应收账款和有关账户,对照检查,以核实账户处理是否真实、正确和合理。

(五)运用对比分析,审计营业收入的变动趋势

对比分析的内容包括现有数据与计划数字的对比,与上年实绩和历史资料的对比。通过对比分析,大体上可以发现哪些变化是渐进的,哪些变化是突变的,哪些变化是合理的,哪些变化是不合理的,从而决定审计的范围重点和存在的问题。

(六)确定营业收入在财务报表上的披露是否恰当

查明报表所列数据是否正确,应予说明的事项是否作了说明。

对于其他业务收入的审计,除了上述六条以外,主要审查其收入是否真实正确,有无隐瞒收入、私设小金库等现象。如对零星材料、包装物料的出售应查明是否企业不需用的物资,有否低价出售或收取现金而不入账的情况。对固定资产、包装物的出租应查明是否有专人登记、专人管理,是否有不收或少收租金,是否有借出租之名,无偿转移财产,或形成账外财产的情况。对技术转让收入应查明是否按合同规定足额收款,是否有无偿转让的现象,有无擅自出卖企业保密技术或侵犯他人知识产权的行为,有否经过价格鉴定。除此以外,还应注意检查各项收入的分类是否恰当,账户运用是否合理,并注意是否划清与产品销

售收入、营业外收入等的界限。

根据财政部《企业会计准则——关联方关系及其交易的披露》的规定,上市公司在存在控制关系的情况下,关联方如为企业,不论他们之间有无交易,都应当在财务报表附注中披露企业的经济性质、名称、法定代表人、主营业务、所持股份或效益等情况;在企业与关联方发生交易的情况下,企业应当在财务报表附注中披露关联方关系的性质、交易类型及其交易要素等。审计人员在审计时,应在财务报表附注中查明企业是否如实披露上述情况。

第三节 成本和费用审计

成本和费用的审计是指生产经营成本的审计和企业期间费用的审计,亦即直接费用的审计,间接费用的审计和期间费用的审计。其中直接费用直接计入生产成本;间接费用通过分配计入生产成本;期间费用直接列入当期损益。

成本和费用审计的目的主要是评审各项成本费用的内部控制制度,核实各项成本费用支出的真实性、合理性及其会计处理的正确性。通过成本费用的审计,可以考核企业的成本计划的完成情况。评价企业的经营效果并为确定产品价格提供依据,因此对成本费用的审计,具有十分重要的意义。

一、成本和费用内部控制制度的内容

企业成本费用的内部控制制度主要包括了成本费用的分级责任控制制度、费用审批审核制度、费用定额管理制度、预算计划制度、原始记录及计量、计价等制度。其主要内容包括:建立有关人员的分级责任控制制度,确定费用范围、费用开支标准和建立费用审核、审批手续;建立费用消耗定额管理制度,包括材料消耗定额管理、工资定额管理和制造费用定额管理,实行限额发料、限额领料、制定劳动定额和编制定员;建

立生产经营费用预算和产品成本计划制度,编制合理的成本费用计划,分解落实计划指标并审查计划执行情况;建立健全的原始记录和严格的计量管理制度,使企业的原始记录及计量、计价等工作适应成本费用管理的要求;建立合理的记账、对账和复核制度,做到会计记录及时、正确,前后一致。

二、成本和费用内部控制制度的符合性测试

对成本和费用的审计,首先应对成本和费用内部控制制度进行了解和描述,然后进行必要的测试,作出评价,以便找出薄弱环节,确定实质性测试的重点。抽查内容包括:抽查发票或其他付款凭证,审核有关费用的核准和审批手续;抽查企业的定额及预算、计划制度执行情况,审查其执行效果;抽查部分产品或成本项目的会计核算情况,审核其收入与成本的口径是否一致,前期和后期的计算方法是否一致,费用分配是否合理。

三、成本和费用的实质性测试

成本和费用的实质性测试主要是审查被审计单位的各项费用的用途和数额是否合理正确,归集和分配是否合规、真实,成本费用的账务处理是否适当。在审计过程中可根据不同项目适当选择相应的方法。

(一) 生产费用的实质性测试

生产费用是企业在一定时期内为制造产品或提供劳务所发生的各种耗费的货币表现。包括直接材料费用,直接职工薪酬,辅助生产费用和制造费用。

1. 直接材料费用的审查

企业的直接材料包括生产经营过程中实际耗用的原材料、辅助材料、备品配件、外购半成品、燃料、动力、包装物以及其他直接材料。审查直接材料主要是通过凭证和账册的抽查,验证耗用材料的数量、计价和费用分配是否真实、合理和正确。其主要内容是:

第八章 收入、成本和费用审计

(1) 直接材料耗用数量是否合法、合规。企业材料品种很多，数量很大，审查时应查明是否将非生产单位领料和生产车间的非生产性领料计入直接材料；对在建工程、行政部门、福利部门及非生产部门的领料是否计入有关生产部门的开支；生活用燃料、动力是否计入生产电力消耗；已领料的材料余料是否按规定办理退库手续。

(2) 直接材料费用计价方法是否真实、正确。材料计价有按实际成本计价和按计划成本计价两种方法。采用实际成本计价的材料，一般用全月一次加权平均法计算出加权平均单价。审计时应注意验算其计算成本是否正确，计价方法是否前后一致，是否有不按实际费用而调节成本的现象。采用计划成本计价的材料，一般是先计算出月度材料成本差异率，然后对成本差异进行摊销。审查时应检查不同时期的摊销额是否真实正确，有否人为地调节材料成本的现象。

(3) 直接材料费用的分配是否合理。直接材料费用应直接计入各种产品，在审计时应核实分配对象是否真实。有时，一种材料往往为几种产品所共同耗用，应首先在各种产品之间进行分配。审查时应核实分配办法是否恰当，有否分配不公或分配错误的情况。包装物与产品一起销售时，其价值应计入"产品销售费用"，不能误入产品材料成本。

对于直接材料耗用和分配的审查方法，主要是审查材料明细账、材料费用分配表、材料成本差异明细账，并结合领料单、退料单及有关原始凭证进行对照，核实材料耗用的数量、计价和分配是否合理正确，成本差异的分配是否正确。

2. 直接职工薪酬的审查

企业的直接职工薪酬是指企业直接从事产品生产人员的工资、奖金和津贴、职工福利。其审查内容主要是：

(1) 审查直接工资的发放数额是否正确。对直接工资的发放主要从发放的范围是否符合规定和计算是否正确两个方面进行检查。审查时应查明是否包括了非生产人员的工资和非生产性的工资，有无虚列工资、巧立名目等情况。工资的计算一般分为计时工资和计件工资两种，对计时工资应先核实职工人数、出勤工时和工资总额，注意是否发生记录不实或漏扣少扣等情况；对计件工资应先查明计件记录是否健全，计件工资计算是否正确，奖金、补贴的计算是否合法、合规。

(2) 直接工资的结算分配是否正确合理。企业的工资要根据不同对象进行分配，分别列入基本生产成本、辅助生产成本。管理人员工资和医务福利人员工资，应由不同渠道的资金来源开支。在直接工资中还应在同一时期不同产品之间进行分配。在审计时应注意计入产品成本的直接工资是否正确；各种产品所承担的工资费用是否合理；是否有混淆收益性支出与资本性支出，生产成本与期间成本，职工福利费、教育经费和直接工资的界限。

(3) 职工福利费的计提是否符合规定。职工福利费是按照规定计提的。审计时应核实工资总额的计算是否准确，提取比例和提取额是否正确，其会计处理是否恰当。

对于职工工资审查的一般程序为：抽查职工名册、职工产量记录或工时记录；抽查工资结算表、工资明细表或奖金、津贴和补贴的计算表；验证工资发放、工资结算和工资分配是否合法、合规；记账凭证及会计处理是否恰当和正确。

3. 辅助生产费用的审查

辅助生产费用是指企业的辅助生产车间为基本生产车间、企业管理部门和其他辅助车间生产产品和提供劳务所发生的生产费用。其审查内容主要包括两个方面：

(1) 检查辅助生产费用在各辅助生产车间、基本生产车间和企业管理部门的分配是否合理，有否将企业在建工程、职工福利部门或对外单位提供的产品或劳务计入产品成本。

(2) 检查辅助生产费用的分配数额是否正确，与各部门的受益情况是否相符，其分配方法前后是否一致。

4. 制造费用的审查

制造费用是指企业为生产产品和提供劳务而发生的间接费用。它

第八章 收入、成本和费用审计

包括工资和福利费、折旧费、修理费、办公费、水电费、机物料消耗、劳动保护费、季节性和修理期间的停工损失以及其他不能直接计入产品生产成本的费用等。制造费用的大部分支出属于产品生产的间接费用，因而只能按车间或部门进行归集和分配。审查时应根据原始凭证和制造费用分配表对照财务制度来判断其真实性和合法性。主要有以下三点：

（1）检查制造费用是否按规定项目开支，是否按规定开支标准列支，有否将不应列入成本费用的项目列入制造费用，或将超过开支标准的费用入账。

（2）检查制造费用的分配方法是否合理，查明是否按受益情况进行分配，前后的分配原则是否一致。如果按计划分配率分配制造费用的，应查明月终是否进行调整。对固定资产折旧应查明是否按国家规定的折旧年限进行，折旧方法是否前后一致，是否有故意扩大折旧范围或少提折旧而调节利润的情况。

（3）检查预提费用的提取和待摊费用的分配是否合理、正确，有无利用预提和待摊，人为调节成本和利润的情况。

（二）在产品和完工产品的实质性测试

生产费用的审计主要是对企业的全部产品包括在产品和完工产品进行的审查。为了正确计算营业利润，还应对期末在产品和完工产品成本分配是否合理进行审查。

1. 在产品成本的审查

在产品成本计算是否正确，直接影响到产品成本的正确性。所以审查时应着重检查在产品的盘存数量和在产品的成本计算是否正确。

（1）审查在产品的盘存数量是否正确。在产品变动较大，分散较广，不易核对，一般企业多采用实地盘存制的办法。审查时可利用厂休日对某道工序进行抽查，然后推算出上月末的在产品数量。推算公式为：

$$\text{上月末本道工序在产品数额} = \text{审查日本道工序在产品实存数} - \text{上月末至审查日上道工序转入数} + \text{上月末至审查日本道工序转出数}$$

如果企业采用永续盘存制,则车间设有在产品台账,审查时可抽查一部分在产品记录,并与领用凭证和交库凭证相核对,以证实记录是否正确。

(2) 审查在产品成本计算是否正确。审查时首先要注意在产品成本的计价方法是否确切,是否符合本车间的生产特点;其次要审查各期计价的方法是否一贯,是否有各取所需,人为调节成本的做法。在产品成本的计算方法有约当产量法、定额成本法、定额比例法、固定成本法等,应根据各种不同方法的特点进行审查。具体如下:

① 约当产量法是将归集在某种产品中的生产费用,以完工产品的产量和期末在产品的折合产量作为分配标准,在两者之间进行分配,对采用约当产量法计价的企业,除了对在产品数量是否真实进行检查外,应检查投料率和完工率是否合理正确,计算是否正确,是否有虚假现象。

② 定额成本法是将归集的某种产品中的生产费用先扣除月末在产品的定额成本,其剩余部分即为完工产品的成本。定额比例法是将归集在某种产品中的生产费用,按照完工产品和期末在产品的定额比例进行费用的分配。对采用这两种方法的企业,应注意审查其定额是否合理,是否符合实际,遇有情况变化,是否按规定进行调整。

③ 固定成本法是对月末的在产品成本按每月固定数计算,在年末重新调整。对这种方法的采用,应注意企业各月的在产品数量是否均衡,年终是否进行调整。

2. 产成品成本的审查

对完工产品成本的审查主要是确定完工产品的成本计算是否真实正确,计价是否正确,并根据节约费用、降低成本的原则,检查产品成本的节约程度。其要点如下:

(1) 审查完工产品的成本计算是否真实正确。本期完工产品的成本计算公式为:本期完工产品成本=期初在产品成本+本期应计生产费用-期末在产品成本,产品成本及销售成本计算表格式如图表 8-1 所示。由此可见,审查完工产品的成本计算是否真实正确,重点是审查

第八章　收入、成本和费用审计

图表 8-1

生产成本及销售成本计算表

被审计单位名称_____
审计项目名称_____
截止日期_____

	签　名	日　期	索引号
编制人			D2-2
复核人			页　次

索引号	项　目	未审数	调整或重分类金额	审定额
	原材料期初余额			
	加：本期购进			
	减：原材料期末余额			
	其他发出额			
	直接材料成本			
	加：直接人工成本			
	制造费用			
	生产成本			
	加：在产品期初余额			
	减：在产品期末余额			
	产品生产成本			
	加：产成品期初余额			
	减：产成品期末余额			
	产品销售成本			

审计说明及调账分录：

审计结论：

期末在产品的成本是否真实正确。但是往往由于在产品成本比较复杂,不易发现问题,而产成品在可比产品成本变动较大时则容易发现问题。在这种情况下,就必须重新核实其数量是否真实,成本计算的方法是否恰当,计算是否正确。同时也要审查产成品总账与明细账或成本计算单的成本总额是否相符,有无记载错误或计算错误的情况。

(2) 审查完工产品成本的计算方法是否符合规定。产成品的成本计算方法,应按照实际成本法和权责发生制的原则来确定。应检查是否按规定计算成本,是否有以计划成本或定额成本代替实际成本的情况,是否按照规定运用"待摊费用"和"预提费用"两个科目进行费用的摊销和预提。对采用计划成本核算的企业,是否有利用"产品成本差异"科目调节利润的情况。是否有多摊或少摊待摊费用或者多提或少提预提费用来对产品成本作人为的调节等情况。

(3) 审查降低费用、控制成本的措施。审计人员在审计产成品以后,应从主要产品的单位成本着手,以实际成本与计划成本或定额成本进行对比,找出差异。通过抽查领料单、工时单或费用分配单,核实其是否确实为企业生产所耗用,是否有浪费或弊端。

(三) 期间费用的实质性测试

期间费用是不能直接归属于某个特定对象而应直接体现于当期损益的费用,分销售费用、管理费用和财务费用三项。现分别说明如下。

1. 销售费用的审查

销售费用是指企业在销售商品和材料、提供劳务过程中所发生的各项费用以及专设销售机构的各项经费,包括:

(1) 商品销售以前的广告宣传费用。

(2) 商品销售过程中发生的运输费、装卸费、包装费、保险费、广告费、展览费和销售服务费用等。

(3) 为销售本企业商品而专设的销售部门经费,包括职工薪酬、差旅费、办公费、折旧费、修理费、物料消耗、低值易耗品摊销及设备租赁费等经营费用。

以上各项费用主要从以下几个方面进行审查:

(1) 审查营业费用的项目设置和开支标准是否符合有关规定,有关费用支出是否据实列支,是否有另计收入列入小金库私分。

(2) 对重大开支作重点审查。如广告费用开支是否合理,有否经过领导审批。

(3) 审查商品销售费用的入账和结转是否正确、合规,有无多转、少转或不转销售费用的现象。

2. 管理费用的审查

管理费用是指企业行政管理部门为管理和组织生产经营活动而发生的各项费用,包括企业董事会和行政管理部门在企业的经营管理中发生的或者应由企业统一负担的经费(包括行政管理部门工资及福利费、物料消耗、低值易耗品摊销、办公费和差旅费)、工会经费、董事会费、聘请中介机构费、咨询费、诉讼费、排污费、房产税、车船税、土地使用税、印花税、技术转让费、研究开发费、业务招待费、矿产资源补偿费等。主要应从以下几个方面进行审查:

(1) 审查各项费用的归类和记录是否合适、正确。有否将管理费用列入其他费用,或将其他费用列入管理费用。

(2) 审查各项费用开支是否符合规定,计算是否正确,记录是否真实。如经常发生的业务招待费、差旅费是否按规定的提取比例和开支标准列支;工厂总部管理人员工资及其附加费用是否按实有人数开支,有无挤入其他人员工资;对咨询费和诉讼费的开支是否有滥支滥用的现象;对技术转让费、研究开发费的开支是否有利于科技发展和提高经济效益。

(3) 审查各项费用入账是否及时,结转是否准确,有否浪费现象。

3. 财务费用的审查

财务费用是企业为筹集生产经营所需资金而发生的筹资费用,包括企业生产经营期间发生的利息支出(减利息收入)、汇兑净损失、金融机构手续费以及筹资发生的其他财务费用。主要从以下几个方面进行

审查:

(1) 审查财务费用所列项目是否符合规定,开支内容是否符合开支范围和开支标准。如银行借款利息率是否与人民银行公布的利率相符,手续费是否计算准确。

(2) 审查财务费用计算的正确性。如外汇兑换损益的计算是否正确,银行手续费的记录与计算是否正确,利息收入及利息支出的计算是否正确。

(3) 审查财务费用的结转是否符合规定,是否有意转入产品成本。

(四) 营业税金及附加的实质性测试

营业税金及附加是指因销售商品、提供劳务等应负担的消费税、营业税、城市维护建设税、资源税、土地增值税和教育费附加等,由纳税人通过"营业税金及附加"科目计算出应交税金后向税务部门缴纳。增值税占流转税款的绝大部分,虽然实行价外征收,但审计人员应重点对它进行审查。

营业税金及附加审查的内容详见第七章第一节应交税金有关增值税审查内容。主要是审查各种销售税金及附加的计算是否合法、正确,有无虚报税款和错用、误用税率等情况;审查产品销售税金及附加的计提、结算是否正确,减免是否合法,是否有延期纳税等情况。有进出口经营权的生产企业出口货物时是否实行"免、抵、退"税的管理办法。

(五) 成本计算方法的审查

1. 产品的成本计算方法

企业根据生产工艺和生产组织的特点可以选择一种或几种成本计算方法,但一经选定不得任意改变。成本计算方法有品种法、分批法、分步法、分类法等。企业可以根据不同情况在各个成本计算对象之间进行分配,然后计入各个产品的成本。现将各种成本计算法简介如下:

(1) 品种法是以产品品种为成本计算对象,归集各项生产费用,计算各种产品总成本和单位成本的成本计算方法。品种法通常以每月月末作为成本计算期,如果月末在产品数量较多,各种在产品成本计算单中所汇集的生产费用应先在完工产品和月末在产品之间进行分配,然后再计算出完工产品的成本。

(2) 分批法也称订单法,是以各批(订单)的产品作为成本计算对象,每批产品全部完工后才计算产品成本的一种成本计算方法。在一般情况下,不计算在产品成本,但如某批产品中有的在产品在月末没有完工,则需要在完工产品和在产品之间分配费用,以计算完工产品的成本。

(3) 分步法是以产品生产的加工步骤及其产品成本为成品计算对象,生产成本明细账按照生产步骤和产品品种设立,各生产步骤发生的生产费用,先分别生产步骤按产品汇集,然后由会计部门汇总计算最后完工产品成本的一种成本计算方法。分步法又分为逐步结转法和平行结转法两种,前者是按照产品加工先后顺序逐步计算并结转半成品成本直至结束;后者是在生产过程中,上一步骤的半成品成品,不随时转结至下一步骤,当最后一个步骤制成品验收入库时,再直接将各步骤应负担的成本转入产成品。

(4) 定额法是以品种或类别为成本计算对象,在发生费用时,对符合定额的费用和脱离定额的费用分别进行核算,将产品定额成本加减定额差异、定额变动差异来计算产品成本的一种成本计算方法。它适用于产品生产已经定型,消耗定额已经比较健全的产品。

2. 产品成本计算方法的审查内容

产品成本计算方法比较多,企业可以根据本企业的产品特点制定成本计算规程和实施细则。在测试时,审计人员可以向企业查阅计算规程和成本计算的具体资料,了解执行情况。主要审查内容如下:

(1) 审查计算方法是否合适。审查人员应了解产品生产情况、工艺特点、生产组织形式和管理要求,判断企业采用的成本计算方法是否合适,是否正确完整、切实可行。如果需要改变,应经过讨论批准,并在会计报表上作必要的说明。

(2) 审查费用的归集与分配是否正确,抽查各种费用分配表及成本计算单,核对各种费用的归集与分配是否正确。如果生产多种产品,则应审查成本费用在各种产品之间和在产品与产成品之间的分配情况。各种产品的成本计算方法不同,如分步法有逐步结转和平行结转之分,定额法有按计划成本或定额成本结转之别,应分别情况进行审查。

(3) 审查成本计算的记录制度是否健全。检查企业是否按照不同方法设置明细账、费用分配表和成本计算单,查阅各种产品的材料、工时、费用消耗定额的记录是否正确,计算是否合理。

(六) 成本费用的审计分析

对比分析是审计中分析成本费用较为有效的方法。审计人员可以从实绩与计划、实绩与定额的对比中,找出费用和支出、产量和质量存在的问题和差异;从实绩与历史资料的对比中,估量企业的经营状况和发展趋势,追查管理中的差异和差错,并据以决定审计的范围和深度。审计人员还可以通过比率分析,对产品成本进行考核,考核的主要指标有可比产品成本降低率、主要商品产品单位成本降低率、销售成本率和成本利润率等。通过这些指标的对比分析,可以发现差距,查明产生差距的确实原因,提出切实有效的改进建议。

复习思考题

1. 如何进行营业收入的实质性测试?
2. 成本费用的内部控制制度包括哪些内容?如何进行内部控制制度的符合性测试?
3. 生产费用包括哪几个方面?如何进行直接材料费用的审计和制造费用的审计?
4. 如何审查完工产品的成本计算方法?
5. 如何审查财务费用?
6. 对产品成本计算方法的审查应注意哪些方面?

第 九 章

利润及其分配审计

学习目标 本章主要阐述利润和利润分配审计的范围、目标内容、方法以及盈利能力分析方面的基本知识。通过学习,要求了解利润和利润分配的内部控制制度的评审,明确利润形成和利润分配顺序审计的重点内容,掌握营业利润、投资收益、所得税、利润分配及破产审计等主要项目审计的方法和技能。

利润是指企业在一定会计期间的经营成果,是企业全部收入与费用的配比结果,反映了企业的净收益。利润应根据国家制度的规定,在国家、企业和投资者之间进行分配,确保国家、企业、职工和投资者的利益。因此企业的利润及其分配既反映了企业的经济效益,又反映了企业与社会各方面的权益分配,是国家管理部门、企业管理当局、投资人、债权人和所有职工共同关心的项目。对利润及其分配的审计主要是审查企业利润的形成和分配是否合法合理,是否真实正确。它是企业的一个重要审计内容。

第一节 利润审计

一、利润的审计范围

利润主要来自营业利润、营业外收支净额。两者之和扣减所得税后即为净利润。利润的审计范围包括三个部分：一是营业利润的审计，即审计营业利润和营业费用配比的结果；二是营业外收支净额的审计，即审计营业外收入和营业外支出；三是所得税审计，即审计企业应上缴国家的所得税，确定缴税的依据、计算和缴纳是否正确。

利润表是审查企业利润的主要依据，所有营业利润、营业外收支和所得税都体现在利润表中。随着经济的发展，所有权与经营权的充分分离，社会有关方面越来越重视企业的盈利能力，利润表也越来越为人们所关心。但是在审计时必须密切注意到利润审计与资产负债表审计有着重大的关系。从上面各章所述可以看到，审计人员在审查资产、负债时，对很多损益账户已经作了审计，如审查货币资产时，已对财务费用、汇兑损益作了审查；在审查应收账款、应收票据时，已对销货收入、利息收支、坏账损失和承兑费用作了审查；在审查对外投资时，已对股利、投资所得、投资收益等作了审查；在审查固定资产时已将折旧、维修、出售损益等作了审查，并且都注意到贯彻权责发生制、配比原则和划清收益性和资本性支出的原则界限。可见利润审计不仅与收益费用项目的审计有密切关系，而且也是在资产、负债项目审计的基础上进行的。本章所述的利润审计，也只是在原有资产负债审计和收入费用审计的基础上作最后一部分的综述。

二、利润审计的目标

利润的审计目标主要是确定被审计单位利润的计算是否正确，利润形成的会计记录是否正确完整，在财务报表上的反映是否恰当。具体是：

(1) 确定利润的内部控制制度是否健全、有效，是否被一贯执行。

(2) 确定利润总额和构成内容是否合法、合规，是否真实、正确，有否隐瞒真实的财务状况和经营成果。

(3) 确定利润的账务处理和收支结转是否真实正确，在利润表上的表达是否恰当，有无差错和虚假情况，有否任意减少利润或增加亏损，有否截留、转移国家和单位的收入或私设小金库。

(4) 对利润计划完成情况进行分析性评价,查明亏损原因,促进企业改善经营管理,扭转亏损,提高经济效益。

三、利润形成的内部控制制度

企业利润的形成实际上是对日常的收入和成本、费用核算的累计,其内部控制制度主要依靠平时的持续执行。但有些企业往往从企业和个人利益出发,在年终决算时,任意篡改报表,截留或转移国家和单位的收入,或者账外设账,隐瞒真实的财务状况或经营成果。审计人员对此必须加以重视。内部控制制度一般有:

(1) 建立工作人员的职务分工和职责分离制度,要求有关人员职责分明,职权明确。

(2) 建立具有收入与费用相配比的营业利润计算制度,合理的投资收益和营业外收支的账务处理程序,以确保利润形成的真实性、正确性和合法性。

(3) 建立账务的审核和审批制度,保证利润的计算和结转正确无误,所得税的计算与缴纳合理正确,利润总额和净利润的如实反映。

(4) 严格执行报表审批制度,在企业利润表上恰当地披露企业的实际情况,严格禁止篡改会计数据,虚报会计报表。

审计人员在测试和评价企业内部控制制度时,应首先了解企业的有关内部控制制度,然后作重点的抽查并对其有效性作出评价。

四、利润的实质性测试

利润的实质性测试包括营业利润的测试、投资净收益的测试、营业外收支的测试和所得税的测试等四个方面,分别说明如下。

(一) 营业利润的实质性测试

营业利润是营业收入和营业成本、营业费用配比的结果。企业的营业利润来自主营业务和其他业务两个方面,减去营业税金及附加、销售费用、管理费用和财务费用,加上投资收益后即为营业利润。其计算公式为：

$$\text{营业利润} = \text{营业收入} - \text{营业成本} - \text{营业税金及附加} - \text{销售费用} - \text{管理费用} - \text{财务费用} + \text{投资收益}$$

营业收入包括主营业务收入和其他业务收入，营业成本包括主营业务成本和其他业务成本。主营业务利润是主营业务收入扣除主营业务成本和主营业务税金及附加后的差额，是企业销售商品或者提供劳务的利润。其他业务利润是主营业务利润以外的不独立核算的其他业务所产生的利润，主要包括材料和外购商品出售、固定资产和包装物出租、无形资产转让以及提供各种劳务所获得的利润。它在利润中所占的比重不大，数额也不稳定，但管理不易，审计时不容忽视。营业利润的实质性测试，主要是对主营业务利润和其他业务利润构成内容的合法性、合理性和正确性、真实性的审查，本书已在上一章作了介绍。对期末营业利润结转的账务处理主要应注意：审查本年利润账户的结转是否合理、正确，有否涂改、篡改、假造会计记录的现象，是否有故意制造两套账，或者不按规定而提前结账和事后补记账的现象；审查会计报表是否根据总账的记载反映，对外报送的会计报表是否经过单位领导的认真审核，是否有授意会计人员擅自改动会计报表或编制虚假报表的情况；审查营业利润计划的完成情况，查明期末利润是否有显著变化，是否有任意改变成本计算、坏账摊销、折旧提取等方法以调节利润的情况，是否有利用过渡性账户转移资金、隐匿收入或者掩盖不合法行为的情况，是否有擅自对企业财产进行评估调账以调节利润的情况；对企业亏损情况进行分析，帮助企业查明原因，堵塞漏洞，改善经营管理。

（二）投资净收益的实质性测试

投资净收益是指企业对外投资所取得的收入，扣除发生的投资损失后的净收入。投资收入主要来源于对外投资分得的利润，投资股利和债券利息的收入，收回或转让投资所取得的价值差价，以及按权益法核算的股权投资所增加的净资产。在过去，企业对投资收益并不重视，但在社会主义市场经济条件下，企业投资活动日益频繁，对推动企业资产的流动和重新组合以及提高经济效益的作用日益扩大,因此必须对企业的投资损益进行审计监督。其基本要点有以下几点。

1. 审查投资收益的取得是否真实,账务处理是否正确

首先要通过查阅有价证券明细表,查对所有有价证券库存和出售的是否确实为企业所有,其名称、面值和收益是否完全与原始记录相符。其次要通过查阅投资收益的原始凭证,查对所有收入是否及时入账,有否转移或挪用投资收入的行为。另外要查对总账与明细账户的余额是否相符,有无漏记、错记或虚假等情况,如有发现,应查清其原因。

2. 审查投资收益的计算是否真实正确

投资收益情况比较复杂,应分别情况作不同处理。如债券投资利息按面值购入的与按溢价或折价购入的,其计算办法不同,溢价或折价差额应在债券存续期间内分期摊销。债券转让或到期收回应同时确认投资收益和利息收入,同时及时如数入账。股票投资和其他投资应根据投资比重分别采用成本法和权益法核算。收回的其他投资与原投资的差额应记入"投资收益"。

3. 分析投资收益情况

查明是否在经营上存在问题,如有问题应帮助企业找出原因,提高经济效益。

(三) 营业外收支的实质性测试

营业外收支是指企业发生的与企业生产经营无直接关系的各项收入和各项支出,包括非流动资产处置利得和损失,非货币性资产交换利得和损失,债务重组利得和损失,政府补助,公益性捐赠支出,盘盈利得和盘亏损失,捐赠利得非常损失等等。这些损益虽然与企业生产经营无直接关系,但影响到企业的损益,而且往往因控制不严造成错漏损失或被贪污挪用。

对营业外收入应注意收入的内容是否合规,是否有违反国家或制度的规定;收入金额是否真实,有否虚假,或被列入小金库实行私分;收入的核算是否正确,是否全部入账。

对营业外支出应注意支出的项目是否符合制度规定,有无扩大开支范围或任意多列支出,还应审查各种非常损失是否经过审批。

审查两个科目的结转是否正确,在利润表上的披露是否恰当。

(四)所得税的审查

1. 所得税

所得税是国家对企业的各种应纳税所得额按规定的税率所征收的税种。企业的所得税是以独立核算的企业为纳税单位,纳税时以纳税单位会计年度内所实现的利润总额为纳税依据,扣减或增加税务部门规定的应该调整的项目后,作为应纳税所得额。应纳税所得额乘以规定的所得税率,即为企业应纳的所得税额。1994年,我国国务院颁发了《企业所得税暂行条例》,规定了全国企业所得税统一按应纳税所得额的33%计算(2008年开始改为25%),并对纳税人收入总额、准予扣除的项目及不得扣除的项目的内容作了如下规定:

(1) 纳税人的收入总额包括:生产、经营收入;财产转让收入;利息收入;租赁收入;特许权使用费收入;股息收入;其他收入。

(2) 计算应纳所得额时准予扣除的项目是指与纳税人取得收入有关的成本、费用和损失。其中包括纳税人在生产、经营期间向金融机构借款的利息支出按照实际的发生数扣除;纳税人支付给职工的工资按照计税工资扣除;纳税人的职工工会经费、职工福利费、职工教育经费分别按其征收费率扣除;纳税人用于公益、救济性的捐赠,在年度应纳税所得额3%以内的部分准予扣除。

(3) 计算应纳所得额时不得扣除的项目为:资本性支出;无形资产受让、开发支出;违约经营的罚款和被没收的财物的损失;各项税收的滞纳金、罚金和罚款;自然灾害或者意外事故损失有赔偿的部分;超过国家规定允许扣除的公益、救济性的捐赠以及非公益、救济的捐赠;各种赞助支出;与取得收入无关的其他各项支出。

在我国原有会计制度中,所得税是企业利润分配的一个项目,为了与国际接轨,财政部又决定将它改作企业发生的一项费用支出,增设了

第九章 利润及其分配审计

"所得税"和"递延税款"两个项目。用"递延税款"核算由于本期税前会计利润与纳税所得之间的时间性差异所造成的纳税影响,使之递延和分配到以后各期。

2. 所得税的实质性测试

对所得税的实质性测试主要包括以下三个方面:

(1) 确定企业的纳税依据是否真实正确。根据税法规定,缴纳所得税应以利润总额为基础,然后根据税前调整项目调整应税所得额,再按所得税率计算应纳所得税额如图表9-1所示。其计算公式为:

$$应纳所得税额 = 应纳税所得额 \times 所得税率$$

$$应纳税所得额 = 利润总额 - 弥补以前年度亏损 \pm 调整项目$$

图表 9-1

所得税审定表

被审计单位名称		签 名	日 期	索引号
		编制人		
会计期间或截止日		复核人		

项 目	金 额(元)
利润总额	
加:调整项目	
1.	
2.	
3.	
减:调整项目	
1.	
2.	
3.	
应纳税所得额	
企业所得税率(%)	
应交所得税	
被审计单位已计提所得税	
应调整金额	

201

审计人员审计应纳所得税款前,首先审查利润总额的计算和结转是否正确,有否隐瞒利润、篡改损益等情况;其次要审查应税所得额是否与核算后的会计记录相符,调整是否合法。如税法规定,企业发生的年度亏损可以用下一年度税前利润弥补,一年不足时,可以在5年内延续弥补。审查时应核实弥补年限是否在5年以内,有否经过有关部门批准。其他有关项目的扣减也必须有法律依据。

(2) 确定所得税的计算与缴纳是否正确、及时。审查时先要确定企业的适用税率和减免税率,分别不同情况计算应纳所得税。减免税变动性比较大,政策性也比较强,应经过审批后办理。所得税额按规定应分期预缴,全年汇算清缴,审查时应逐笔对账务处理进行检查,查明是否按规定程序及时正确缴纳所得税,对会计利润总额与计税所得额之间的时间性差异的处理方法,审查时要查明是否按会计制度的规定办理。

(3) 确定所得税在会计报表上的披露是否恰当。应查明会计报表所反映的所得税是否正确,本年利润余额是否全部转清,应说明的事项是否在会计报表中作了说明。

(五) 盈利能力的分析

盈利能力是企业获取利润的能力,是衡量企业经营效果的重要指标。审计人员通过审查企业的收益和利润,要求能更确切估量企业的经营状况及其趋势,提出更为切实和有效的改进建议,因此通常采用比率分析的方法对企业的盈利能力作出评价。主要的评价指标有:产品销售利润率、净利润率、资产报酬率和资本收益率等。其计算公式已见第五章第四节。其他如股份公司的股东,特别关心其投资的上市公司股票的获利能力。现对其主要指标简要说明如下。

1. 每股收益率

每股收益率是指每一股的获利水平。指标值越高,表示企业盈利能力越强,其计算公式为:

$$每股收益额 = \frac{税后利润}{普通股总股数}$$

(假设本股份公司只发行普通股而无优先股。)

2. 每股净资产

每股净资产是指每股的实有资产的价值。每股的实有资产价值越大,股东的投资效益就越好。其计算公式为:

$$每股净资产 = \frac{股东权益}{总股数}$$

3. 市盈率

市盈率是指股票每股市价与每股收益额的比值,是表示股票潜在价值的指标。即投资者每获一元收益所需付出的投资代价。因此比值越小,投资性越强。其计算公式为:

$$市盈率 = \frac{每股市价}{每股收益额}$$

4. 股利报偿率

股利报偿率是指每股股利与股票市场价格之比,是表示投资者可以分得股利的实际报酬率。一般以比率较高为好。如果企业为了再投资而多留利润,则报偿率较低,但股东可以因市价上升而得到补偿。其计算公式为:

$$股利报偿率 = \frac{每股股利}{每股市价}$$

第二节 利润分配审计

企业的净利润应按照国家法律和企业章程的规定,在国家、企业和所有者之间进行分配。分配的主要项目有提取盈余公积金和公益金、向投资者分配利润。年度终了,"未分配利润"科目的贷方余额即为历年积存的未分配利润,借方余额为未弥补亏损。

一、利润分配的审计目标

利润分配的主要目标是利润分配是否合法、合理,财务处理是否符合规定,具体包括:审查确定利润分配的内部控制制度是否健全、有效和一贯被遵守执行;确定利润分配的顺序是否符合规定,利润分配方案是否按股东会和董事会的决定办理;确定盈余公积金、公益金和分给投资者的利润是否合理、公允,是否正确处理了各方面的经济关系;确定利润分配的账务处理是否符合会计制度的规定;确定各有关项目在利润分配表上的反映是否恰当。

二、利润分配的内部控制制度

对利润分配的审计主要是监督检查企业是否按照国家规定的程序和内容对利润进行正确合理的分配。利润分配的内部控制制度主要是建立企业内部的利润分配制度,利润分配的职权、授权和批准制度以及利润分配的计算和结转制度。其主要内容包括:确定企业是否按照法律和制度规定设计利润分配的程序和方法,有否擅自改变分配程序和分配比例;确定企业制订的利润分配方案和弥补亏损方案是否经董事会制订并经股东会审议批准,处理利润分配中的有关人员是否有一定的授权、批准制度,是否职责分明职权分离;确定企业对利润分配是否建立了完整的记录制度和复核制度,是否进行正确的计算和结转。

审计人员对企业的利润分配控制制度应进行调查和了解,查阅股东会和董事会的决议文件,审阅利润分配的内部控制制度和手续制度,评价企业是否有健全的内部控制。在一般情况下,由于利润分配发生的次数不多,审计人员可以不进行符合性测试,而直接进行实质性测试。

三、利润分配的实质性测试

利润分配的实质性测试,应以国家财务制度、企业合同、章程和协议为依据,通过审查账户、凭证查明分配程序是否合法,分配数额是否真实。其基本要点如下。

1. 确定利润分配的项目设置是否合理、合法,分配顺序是否正确、合理,分配手续是否按审批规定办理。

税后净利润一般应先扣除抵补被没收财物损失,支付违反税法规定的各项滞纳金和罚款以及弥补按规定需用税后利润弥补的亏损,抵补以后再提取公积金和向投资者分配利润。公司的利润分配方案和弥补亏损方案须经董事会制订,并经股东会审议批准,审计人员应检查其是否按审批规定办理。

2. 确定提取和使用盈余公积金是否正确、合规

法定盈余公积金是按税后净利润扣除罚没款和抵补以前年度亏损款后的10%提取的。如法定盈余公积已达到注册资本的50%时,可不再提取。任意公积金是企业根据生产经营需要而提取的公积金,由企业董事会决定提取比例。公积金的使用也有一定范围和审批权限,审计时应注意以下各点:

(1) 审查盈余公积金的提取是否经过董事会批准。如企业有未弥补的亏损,按规定不得提取盈余公积金;股份制企业在支付优先股股利后可以根据董事会的决定提取任意盈余公积金。

(2) 审查盈余公积金的账务处理是否符合规定,明细账是否与总账的余额相符,有关科目在利润分配表上的反映是否恰当。审计人员应该审查有关账户和原始凭证,确定账务处理的正确性。

(3) 审查盈余公积金的使用是否合理。盈余公积金转增资本金时是否经股东大会批准,是否按比例发给新股,转资后金额是否不少于注册资本的50%。

3. 审查向投资者分配利润是否正确合规

企业实现的利润经缴纳所得税后,在扣除罚没款项,弥补以前年度亏损和提取公积金之后,可按照企业章程和董事会决议将剩余的利润分配给投资者。上年未分配利润可合并到当年分配。分配利润的主要审计内容是:

(1) 审查利润分配数额是否真实正确。企业应首先提足法定盈余公积金和公益金,然后再向投资者分配利润。审计人员应对分配是否

执行法制规定进行审查,对可分配净利润进行核实,保证分配数额的真实正确。

(2) 审查利润分配是否合法、合规。审查企业是否遵守合同协议的规定体现了同股同酬、公平合理的原则分配利润,是否及时支付利润,有无拖欠或随意动用未分配利润的现象。

(3) 审查股份有限公司的股利分配是否合法、合规。股份有限公司分配股利的顺序是:支付优先股股利;提取任意盈余公积金;支付普通股股利。审计时应查明企业是否按照规定顺序进行分配。企业当年无利润时,应该不能分配股利,但经股东会议决议可以弥补亏损后的盈余公积金分配股利。审计时应查明此项盈余公积金是否按不超过股票面值 6% 的比率分配股利,分配后的盈余公积金是否不低于注册资本的 25%。

(4) 审查利润分配的账务处理是否正确。审查企业使用的会计科目是否正确,是否按规定要求进行核算。年度终了时是否将"利润分配"明细科目的余额全部转入"未分配利润"明细科目,是否有转移现象。

第三节 企业破产和兼并审计

我国国有企业由于过去长期受到计划经济体制的影响和不合理的重复投资,在部分企业中出现了一些资不抵债、亏损扩大的困难,给国民经济的发展带来了重大影响,因而已成为近年来人们普遍关注的问题。为了扭转这一局面,国家决定在加大经济结构调整力度的基础上,坚决走规范破产、鼓励兼并的路子,以便建立和完善企业优胜劣汰的机制。财政部为此在 1996 年颁发了《国有企业试行破产有关财务问题的暂行规定》和《企业兼并有关财务问题的暂行规定》,以规范国有企业在实施破产和兼并中的财务行为。现对注册会计师在企业破产和兼并中的业务作简要说明。

第九章 利润及其分配审计

一、破产审计的目标

企业由于财务状况恶化,资不抵债,被迫依法解散所引起的清算称为破产清算(或称破产)。破产审计就是对企业破产行为所进行的审计,包括破产企业财务报表的审计,财产作价和清算损益的审计,债务清偿及剩余财产分配的审计等。破产审计的目标主要是:确立破产企业破产时财务报表的合法性、合理性和真实性,防止非法转移财产、扩大亏损;确定破产财产的合理作价和正确处理,防止损害债权人和投资人的利益;核实清算期间的各项收入和破产费用,确保破产期间收支的合法性和正确性,清算报表反映的恰当性;确保按照法定程序进行债务清偿及剩余财产分配,处理好各方面的经济关系。

二、破产审计的要点

(一)查证破产企业解散日的财务报表和财产目录

企业宣告破产后,有关部门应协助清算组对企业各项资产进行全面清理登记,对各项资产损失及债权债务进行全面核对,并在此基础上编制企业宣告破产日止的资产负债表、损益表和利润分配表,连同财产清算表移交给清算组,作为清算开始的会计报表。注册会计师对破产企业会计报表的审查,应视同企业年度会计报表的要求,认真进行审查,确定其合法性、真实性和正确性。特别是破产企业情况比较复杂,在清理过程中,必须防止有人"浑水摸鱼",或压价处理,或提前偿还债务,或伪造损益,从中隐匿财产,因此必须加强查证工作。凡企业在宣布终止前6个月至终止日的期间内,破产企业的下列行为应视为无效,清算组有权追回其财产:

(1)隐匿、私分或者无偿转让财产。

(2)非正常压价出售财产。

(3)对原来没有财产担保的债务提供担保。

(4)对未到期的债务提前清偿。

(5) 放弃自己的债权。

(二) 破产财产的界定及其价格的审定

破产财产是指破产企业用于清偿企业债权的全部财产。人们一般认为企业移交给清算组的全部资产即为破产财产,实际上企业在清理中还会发生很多变化。如清理期间收回的债务人货款、追回的转移财产、撤回的联营投资及其利润以及收回的暂存、暂借于他处的财产。企业提供作为债务担保的财产以及债权债务相互抵销的财产不能作为破产财产,但其价值超过所担保债务或抵销债务的超额担保或抵销财产应作为破产财产。所以清查组在接管财产后尚须进行认真清查并经注册会计师审查认可。破产财产的价值应由清理组聘请具有法定资格的资产评估机构依法进行评估,并以评估确认价值作为底价,通过拍卖、招标、协议等方式转让。

审计人员在核定破产财产时,应查明收回货款、收回投资款及投资利息以及担保、抵销财产是否真实、正确,有否遗漏、错算或走漏情况。对评估的价格和拍卖的价格也要进行核对,确定其是否合法、合理,计算正确,货款是否及时入库。

(三) 债务清偿的审定

企业财产优先支付破产费用后,应按照以下顺序清偿:破产企业所欠职工工资和社会保险费以及按照规定支付安置破产企业职工所需费用;破产企业所欠税款;破产债权。

破产财产不足以循序清偿的,按照比例分配。

注册会计师在审查债务清偿时应注意以下各点:

第一,是否按规定程序清偿各项债务,破产财产不足以循序清偿的,其偿还比例是否合理。

第二,是否优先做好破产企业职工的生活救济和就业安置工作,以保障社会安定;另外,要注意是否有任意瓜分公共福利性设施和公有财产。

第三,是否认真进行了税收的清理、结算和追缴,欠缴税款的减免是否合理合法，企业在出现清算收益时是否依法缴纳所得税。

第四，破产债权是指经清算组确认的至企业破产宣告日止破产企业债权人的各项债权，包括无财产担保或放弃优先受偿权利的财产担保权；财产担保债权其数额超过担保物价款但未受偿部分的债权和保证人代偿还的债务。破产后的债权利息不能作为破产债权。注册会计师审查时应首先查明破产债权的所有权是否确实存在，金额计算是否正确，是否包括未到期的利息。另外要审查抵押财产是否是破产企业所有，是否是在破产前6个月以内签订的合同，有否重复抵押的行为等。

（四）剩余财产分配的审定

企业的全部破产财产扣除清算损益、清偿债务后的剩余部分应按法律、合同、章程的规定进行分配，要求充分体现公平、对等的精神，兼顾各方利益。分配顺序按所有制的不同有以下规定。

1. 国有独资企业

国有独资企业对清理后的剩余财产由同级主管财政机关会同同级国有资产管理部门收缴，列入同级政府的国有资产经营预算。

2. 有限责任公司

有限责任公司的剩余财产，除公司章程另有规定者外，按投资各方出资比例分配。

3. 股份有限公司

股份有限公司的剩余财产，按照股东持有的股份比例分配。其中优先股按股份面值对优先股股东分配，不足时按比例分配，剩余部分按普通股股东的持股比例进行分配。

注册会计师对剩余财产的分配进行审定时，应注意：

（1）破产企业在出现清算收益时，是否依法缴纳了所得税。

（2）破产期间的收支计算是否正确，破产费用是否按开支范围和开支标准支付。

（3）剩余财产向投资方分配时是否按投资比例分配，是否照顾了投资各方的利益。

(五) 清算结束工作

企业破产清算结束,清算组应作出清算工作报告及财产分配方案,同时编制清算后资产负债表、损益表。注册会计师应对有关报表进行查证验收,查验内容主要是:报表的内容是否真实、正确;各项清算收入是否全面、合理;各项破产费用是否按规定开支范围和开支标准支付;剩余财产的分配是否合理公允。具体要求已如上述,不再重复。

三、企业兼并的审计要点

企业兼并是指一个企业通过购买等有偿方式取得其他企业的产权,使其他企业失去法人资格或变更投资主体的一种行为。

1. 企业兼并的主要程序

(1) 被兼并企业对全部资产进行清查登记,对各项资产损失以及其他资产进行全面核对查实,并在此基础上编制资产负债表、损益表和利润分配表,连同财产注册报主管财政机关审批。

(2) 在财产清查的基础上按规定由法定资产评估机构对其财产评估作价,报国有资产管理部门审批、确认,并依此进行相应的财务会计处理。如产权转让的成交价低于底价的,须报主管财政和国有资产管理部门审核、批准。

(3) 产权转让成交后,双方应各自编制兼并成交日的财务报告,报其主管财政机关审批并作好资金交接。经批准采取划转方式取得被兼并企业资产的,应当办理企业产权和财务体制的划转手续。

2. 企业兼并的审计要点

注册会计师对企业兼并的审核工作主要是:确定被兼并企业的财务报表是否合法、合理和真实、正确;移交价格是否合理、正确,是否经过审查批准;移交价款是否如实结转,优惠政策是否得到实现等。具体分别说明如下:

(1) 确定被兼并企业兼并时报送的财务报表的合法性、合理性和真实性。认真审查财务报表和财产目录,确定其是否合法、合理、真实、正确。特别要注意防止有人隐匿财产、伪造损益,乘机浑水摸鱼。

(2) 审查各项升溢和损失,正确处理各项账务。在财产清查和资产评估中,被兼并企业必须认真查明各项升溢和损失,并正确作好账务处理。在审计中,应审核清理出来的各项资产盘盈、盘亏、毁损、报废等是否全部计入企业的当期损益;尚未处理的潜亏、亏损挂账、产品清查损失是否报经主管财政机关审批并冲减盈余公积金和资本公积金,其不足部分是否冲销资本金;资产评估后的资产损失是否合理,是否经过主管财政部门审批,产权转让的成交价是否合理,其低于底价的是否报经主管财政机关和国有资产管理部门审核批准。

(3) 审查兼并成交日的财务报告,确定反映是否真实。审查时应查明各项收支是否全部入账,各会计项目在会计报表上是否反映恰当,总账与报表的数据是否相符。

(4) 审查兼并方应付价款是否按规定支付,会计处理是否正确;应享受的免息、停息,政策性亏损补贴等优惠政策是否依法实现。按规定,兼并方企业的应付价款应在兼并程序终结日一次付清。如数额较大,一次付清确有困难的,可以在取得担保后分期付款,但付款期限不得超过三年。在兼并程序终结日支付的,价款不得低于被兼并企业产权转让成交价款的50%。在兼并过程中所有国有资产收益,扣除清理评估及公证等费用后由被兼并企业的主管财政机关会同国有资产管理部门收取,纳入预算管理用于资本再投入。注册会计师在审查时,应查证双方是否按规定执行。试点城市经济效益好的国有企业兼并困难国有工业企业的,以及企业整体接收破产企业财产、承担分配方案、确定清偿的破产企业债务、全员安置破产企业职工的,可享受免息、停息的优惠政策。被兼并企业属于政策性亏损的,其产权转让成交后,可在原核定的补贴范围内,继续享受一定期限的亏损补贴。注册会计师在审查时应给予关心。

复习思考题

1. 利润审计与利润表有什么关系？与资产负债表又有什么关系？
2. 利润审计包括哪几个方面？其中对营业利润的结转应注意哪几个问题？
3. 如何对投资损益进行审计？
4. 对所得税如何进行审计？
5. 利润分配的程序是什么？
6. 利润分配的审计要点有哪一些？
7. 如何审查盈余公积金和公益金？
8. 如何审查向投资者分配利润？其中股份有限公司分配股利应注意哪几点？
9. 企业破产审计的目标有哪几点？破产审计时应注意哪几点？
10. 企业兼并的审计应注意哪几点？

第十章

审计工作底稿和审计报告

学习目标 本章主要阐述审计工作底稿和审计报告的涵义和内容。通过学习,要求了解审计工作底稿和审计报告的概念和作用,明确审计工作底稿和审计报告的分类和内容,掌握编制审计工作底稿和审计报告的基本知识和技能。

第一节 审计工作底稿

一、审计工作底稿的涵义

审计工作底稿是审计人员对制定的审计计划、实施的审计程序获取的相关审计证据,以及得出的审计结论作出的记录。

审计工作底稿的形成过程,也是审计工作的实施过程,同时它还包括从接受审计工作开始到审计工作结束的全过程。

审计工作底稿可以由审计人员编制形成,也可以由被审计单位取得或其他第三者提供,经审计人员审核后形成。编制是指审计人员根据被审计单位所提供的资料对某一审计事项进行审计以后,按照一定格式所做的审计记录,如内部控制制度调查表、审计业务记录、账户分析表、工作试算表、计算调整表等等。取得是指审计人员从被审计单位或其他方面所取得的有关会计资料、业务资料,如会计凭证、会计账簿记录、财务报表、有关会计制度、管理制度以及有关会议记录、业务往来信件、合同副本、银行存款对账单、应收应付款项确认回函等等。

二、审计工作底稿的作用

编制审计工作底稿是完成审计任务的重要条件,也是衡量审计人员业务素质和业务水平的标准。因此,编制审计工作底稿对于保证审计人员执行审计任务,明确审计人员责任,提高审计报告质量均具有重要作用。

(一)审计工作底稿是形成审计结论和审计意见的直接依据

在审计人员编制的审计报告中,所记载的对被审计单位的经济活动所作的审计结论和审计意见依据的是审计证据。而审计人员所取得的证据资料又都是审计工作底稿所提供的,因此,审计工作底稿就成为编制审计报告形成审计结论和发表审计意见的直接依据。此外,如果审计人员为被审计单位的财务案件作证或为审计报告的正确性作证时,工作底稿则具有旁证和解释作用。

(二)审计工作底稿是评价、考核审计人员工作业绩的重要依据

审计工作底稿是审计人员进行审计工作情况的真实记录。审计单位通过对审计工作底稿的复核,可以对审计人员在是否正确执行审计准则,是否合理实施审计程序,发表审计意见是否公正客观,专业判断是否正确等各个方面进行评价和考核。如果审计人员在审计工作底稿中记录的情况不实,也可作为追究审计人员责任的客观依据。因此,审计工作底稿是评价和考核审计人员业绩的重要依据。

(三)审计工作底稿是控制和检查审计质量的依据

审计质量包括审计工作质量和审计报告质量。审计工作底稿记录了审计人员进行审计工作的实际情况,包括执行审计任务、拟定审计计划、进行审计工作和编制审计报告等方面的实际情况。审计质量的好坏都会在审计工作底稿上体现出来。通过审计工作底稿,可以检查审

计工作是否按计划完成,是否符合审计标准,有否错漏和不足之处。因此,审计工作底稿是控制和检查审计质量的依据。

(四)审计工作底稿是未来审计业务的参考和备查的历史资料

审计工作底稿记录了被审计单位的重要资料和审计人员所采用的审计方法和步骤,完整的审计工作底稿不仅对当期审计同一性质的审计事项具有重要参考价值,而且对于再次审计业务亦有重要的备查作用。因此,在审计过程中,审计工作底稿有着不可缺少和无法替代的参考和备查作用。

三、审计工作底稿的内容及分类

(一)审计工作底稿的基本内容

审计人员编制审计工作底稿的基本内容应包括:被审计单位名称,即会计报表编报单位;审计项目名称,即某一会计报表项目名称或某一审计程序及实施对象名称;审计项目时点或期间,即某一资产负债类项目的报告时点或某一损益类项目的报告期间;审计过程记录,即审计人员的审计经过与专业判断的记录;审计标识及其说明,即表达审计含义的符号及说明;审计结论,即审计人员对某一审计事项实施审计程序后所作的专业判断;索引号及页次,即审计工作底稿归类后的编号;编制者姓名及编制日期;复核者姓名及复核日期;其他应说明事项。

(二)审计工作底稿的分类

按照审计工作底稿的形成阶段及其内容和作用划分,审计工作底稿可分为综合类、业务类和备查类三类。

1. 综合类审计工作底稿

综合类审计工作底稿是审计人员在审计计划阶段和审计报告阶段为规划、控制,总结整个审计工作和发表审计意见所形成的审计工作底稿。它一般包括:被审计单位基本情况调查记录和资料、审计业务约定书、审计计划、审计总结、审计报告、未审计的会计报表、试算平衡表、审计差异调整表、管理建议书以及审计人员在整个审计工作中所进行的组织管理综合性记录和资料。

2. 业务类审计工作底稿

业务类审计工作底稿是审计人员在审计实施阶段为执行具体程序所形成的审计工作底稿。主要包括：审计人员对某一审计循环或审计项目所作的符合性测试或实质性测试的记录和资料。

3. 备查类审计工作底稿

备查类审计工作底稿是审计人员在审计全过程中所形成的对审计工作只具有备查、参考作用的审计工作底稿。主要包括：被审计单位的设立批准证书、营业执照、合营合同、协议、章程、组织机构及管理人员结构、董事会会议纪要、重要经济合同、有关企业内部控制制度以及研究和评价内部控制制度记录、验资报告等资料的副本、复印件或摘录。在一般情况下，备查类审计工作底稿是由被审计单位或第三者根据实际情况提供或代为编制的。

四、审计工作底稿的格式

审计工作底稿的格式及其繁简程度与审计工作的复杂程序密切相关。而审计工作底稿的繁简又与被审计单位的经营规模及审计约定事项的复杂程度，内部控制制度的有效、健全与否，会计记录是否真实、合法、完整等方面有很大关联。因此，合理确定审计工作底稿的格式是保证审计工作质量的重要方面。一般应根据实际工作情况，针对不同需要，采用多种格式编制审计工作底稿。

按照审计准则的要求，下面介绍几种工作底稿的基本内容及大致排列方式。审计人员编制审计工作底稿时，应在符合审计准则要求的前提下，结合各具体审计项目采用不同格式。

（一）业务类工作底稿格式举例

1. 基本格式

基本格式如图表10-1所示。

图表 10-1

业务类工作底稿基本格式

被审计单位名称：＿＿＿＿＿＿＿

审计项目名称：＿＿＿＿＿＿＿

会计期间或截止日：＿＿＿＿＿

	签 名	日 期	索引号
编制人			
复核人			页次

索引号	审计内容及说明	金　　额
	审计程序实施记录 审计标识说明 资料来源说明	××× ××× ×××（交叉索引号）
审计结论：		

2. 存货工作底稿式

存货工作底稿是确定存货是否存在，增减变动记录是否完整，计价方法是否恰当，年末余额是否正确的一张工作底稿。其基本格式如图表 10-2 所示。

（二）综合类审计工作底稿格式举例

1. 试算平衡表

试算平衡表是一张列有本年度和上年度各分类账科目金额、调整金额、重分类金额及调整后金额的表格。试算平衡表是可以控制和汇总全部审计项目的工作底稿，其报表项目名称按资产负债表、利润表项目分别填列。其简化格式如图表 10-3 所示。

图表 10-2

存货工作底稿

被审计单位名称：××公司

审计项目名称：存货

会计期间或截止日：199×年 12 月 31 日

	签　名	日　期	索　引
编制人			A9
复核人			页次

索引号	内　　容	未审数	调整数	已审数
A9—1	材料采购			
A9—2	原材料			
A9—3	包装物			
A9—4	低值易耗品			
A9—5	材料成本差异			
A9—6	委托加工物资			
A9—7	在途物资			
A9—8	生产成本			
A9—9	产成品			
A9—10	库存商品			
A9—11	发出商品			
A9—12	其他			
A9—13	……			
A9—14	……			
A9—15	……			

需说明的事项：_____

审定金额：

年初数	期末数	备　　注

（审计本科目调整分录共____笔；索引号为：_____）

审计结论：

1. 本科目经审计后无调整事项，余额可以确认； □
2. 本科目经审计调整后，审计数可以确认； □
3. 因_____原因，本科目余额不能确认。 □

图表 10-3

试 算 平 衡 表

	签名	日期	索引号
编制人			
复核人			页次

被审计单位名称：_____
会计期间或截止日：_____

索引号	报表项目名称	未审金额	调整金额		重分类金额		审定金额	上年审定金额
			借方	贷方	借方	贷方		
	合　　计							

2. 审计差异调整表

审计差异调整表是用于汇总审计过程中发现的应调整事项和需要重分类事项的工作底稿。根据调整分录和重分类分录借、贷方的对应金额分别填入"资产负债表"、"利润表"的借、贷方。其简化格式如图表 10-4 所示。

图表 10-4

审计差异调整表

	签名	日期	索引号
编制人			
复核人			页次

被审计单位名称：_____
会计期间：_____

序号	索引号	调整分录及说明（重分类分录及说明）	资产负债表		利润表		被审计单位调整情况及未调整原因
			借方	贷方	借方	贷方	
		合　　计					

3. 被审计单位基本情况表

被审计单位基本情况表是反映被审计单位的名称、地址、企业性质、生产经营范围、投资总额、各方出资比例、法人代表及企业组织、人员等情况的工作底稿。其基本格式如图表10-5所示。

图表 10-5

被审计单位基本情况表

被审计单位全称：_____

法人代表：_____ 地址：_____ 电话：_____

企业性质：_____

生产经营范围　主营：_____

　　　　　　　兼营：_____

投资总额：_____

注册资本：_____

投资者名称及出资比例、出资额：_____

公司内部组织机构图：_____

管理层人员结构图：_____

会计与财务部门结构图：_____

(三) 备查类审计工作底稿格式举例

备查类审计工作底稿是对审计工作起备查作用的工作底稿，包括有关被审计单位的一些文件、制度、合同、会议记录等。这些资料经审计人员详细阅读后，摘录其重点内容作为业务类工作底稿的附件，因此其格式不一。如内部控制制度调查问卷。现以工业企业的购置与付款循环内部控制制度问卷为例，其基本格式如图表 10-6 所示。

图表 10-6

购置与付款循环内部控制制度问卷

调查 项 目	是	否	不适合	备注
1. 原料的单价、数量是否与合同一致？				
2. 原料的入库是否经验收合格并同发票核对后才填写入库单？				
3. 原料的进项税、运费及运输中的损耗是否已合理计价？				
4. 固定资产和在建项目有无预算并经授权批准？				
5. 已完在建工程项目转入固定资产是否办理竣工验收及移交手续？				
6. 固定资产折旧方法的确定与变更是否经过董事会批准？				
7. 固定资产入厂、内部调拨是否履行一定手续？				
8. 固定资产的取得、处理和出售是否有书面授权批准？				
9. 固定资产毁损、报废、清理是否经过技术鉴定和授权批准？				
10. 有无固定资产定期盘点制度并执行？				
11. 付款是否实行费用预算控制并明确款项支付权限？				
12. 货款支付与记账的职责是否分离？				

复核人： 日期： 调查人： 日期：
结论：1. 经内控问卷和简易测试后，认为采购与生产循环的内控制度的可信赖度为：
   高（　）　中（　）　低（　）
  2. 该循环是否需进一步作符合性测试：
   是（　）　否（　）

五、审计工作底稿的编制

  审计工作底稿作为审计人员在整个审计过程中形成的工作记录及取得的资料，必须如实反映审计计划的制订和实施情况，包括与形成和发表审计意见有关的所有重要事项以及审计人员的专业判断。为此，编制审计工作底稿必须符合下列要求：

1. 审计工作底稿内容方面要求

(1) 资料翔实。要求资料来源真实可靠,数据正确,一切资料均应注明出处。

(2) 重点突出。对记录和取得的资料要去粗取精,去伪存真,在审计工作底稿中要突出对审计结论有重大影响的问题,一些不重要的事项可适当舍弃。

(3) 繁简得当。在编制审计工作底稿时,对重点内容必须详细记录,一般内容简明扼要。

(4) 明确表达。审计人员在审计工作底稿中必须明确表达专业判断的意见并列入审计报告。如问题尚待查明不能发表意见,不能列入审计报告。

2. 审计工作底稿形式方面要求

(1) 要素齐全。即审计工作底稿的全部基本内容必须编制齐全,包括被审计单位概况、经济业务、内部控制制度以及审计计划、审计程序、审计方法和步骤等都要逐项编入工作底稿。

(2) 格式规范。审计工作底稿表式必须规范化,符合审计准则的要求,结构合理。

(3) 标识一致。审计工作底稿中所用审记符号的含义必须前后一致。

(4) 记录清晰。审计工作底稿必须文字端正,简明扼要,记录连贯,计算正确。

六、审计工作底稿的复核和保管

审计工作底稿是审计人员据以编制审计报告的依据,是审计单位积累的内部资料,必须进行复核以防差错并加以妥善保管。

(一) 审计工作底稿的复核

审计工作底稿是审计人员据以编制审计报告的依据,但因受审计人员的专业知识及判断能力等因素的制约,可能会产生计算误差或其他差错,从而影响审计工作底稿的质量,导致审计结论和审计意见的不正确。为了防止发生差错,提高审计质量,降低审计风险,必须对审计工作底稿进行复核。复核工作可以分三个层次进行:审计人员初复,项目负责人再复,审计单位负责人最后复。

(二) 审计工作底稿的保管

审计工作底稿是审计单位的内部资料,是后续审计的参考,必须进行分类整理,在审计报告后六十天内形成审计档案;规范审计档案的归档、使用、保存和销毁,建立审计档案的保管制度。

审计档案一般分永久性档案和一般性档案两类。永久性档案是指不常变动的,在下次继续审计时有参考价值的档案,如被审计单位的基本概况表、内部组织机构图、营业执照、政府批文以及有关合同、协议、章程、会计核算制度(内部控制制度)等。一般性档案是指比较临时性质的审计工作底稿,是属于本期审计的一般事项和复核记录。虽然在将来亦有参考作用,但一般地说,在下次继续审计时,并无复阅必要。如会计报表底稿,财产目录底稿等即属此类。

按规定,审计档案的保存期限是:当期档案自审计报告签发之日起至少保存十年;永久性档案应长期保存;不再继续审计的被审计单位永久性档案的保存期与最近一年当期档案的保存年限相同。保管期满,审计单位应按规定办理必要的手续后予以销毁。

第二节 审计报告

一、审计报告的作用

审计报告是审计人员根据中国注册会计师审计准则的规定在实施审计工作的基础上,对被审计单位的财务报表发表审计意见的书面文件。编制审计报告是审计人员完成审计事项的一个重要步骤。其作用主要有以下几方面。

(一)综合表达

通过编制审计报告,可以将分散的工作底稿进行整理、归纳、分析,使之形成系统的意见和结论,以书面形式完整地表达出来,具有可阅读和备查的特点,并可作为审计档案立卷归档。

(二)明确责任

在审计报告上应由审计人员签名盖章,以对其出具的审计报告的真实性、合法性负责。因此,审计报告可以明确审计人员的审计意见及法律责任。

(三)公允鉴证

审计报告可以反映审计人员对被审计单位的财务状况、经营成果及资金变动情况是否真实、合法、公允的意见。它是审计人员站在独立的立场上对被审计单位有关项目所作的鉴证,是由独立审计机构签发的,因此具有鉴证作用。

(四)保护利益

审计报告可以反映被审计单位的业绩,揭露重大错误和弊端,使企业投资者、债权人及其他企业利害关系人可以利用审计报告查阅被审计单位的经营情况和财务状况以便作出决策,减少风险,维护自身利益。为此,对企业投资者、债权人及其他企业利害关系人的利益来说具有一定的保护作用。

(五)指导咨询

审计报告中有针对被审计单位内部控制制度和经营管理等方面的评价和合理建议,对被审计单位来说具有一定的指导和咨询作用;同时,也可作为有关方面对被审计单位确定处理的依据。如金融机构可以根据审计报告确定是否对被审计单位给予贷款;投资者可以根据审计报告确定是否对被审计单位投资等等即是。

二、审计报告的种类

审计报告可以按照以下不同要求进行分类。

(一)按审计报告的范围分类

按审计报告的范围可以分为标准审计报告和非标准审计报告。

标准审计报告是格式与措辞基本统一,适用于对外公布的审计报告。如对企业股东、投资者、债权人等公布的附有会计报表的报告。

非标准审计报告是格式与措辞不统一,根据具体审计项目的情况来决定的报告,一般不对外公布。如企业合并业务转让、融通资金、分发给特定使用者、金融机构或有关关系人的审计报告。

(二)按审计报告的内容分类

按审计报告的内容可以分为财务审计报告,经济责任审计报告、经济效益审计报告、财经法纪审计报告等四种。

财务审计报告是对企业的财务状况、经营成果和财务活动进行全面审查的审计报告。

经济责任审计报告是对企业的资产、负债、权益进行鉴证的审计报告。如对企业法定代表人的离任审计即属此类。

经济效益审计报告是对被审计单位的经济效益进行审计,并在此基础上对企业的管理素质和管理水平进行分析,作出评价,提出提高经济效益的具体建议。

财经法纪审计报告是对企业某一方面遵守财经纪律情况进行评价,提出对违反财经纪律行为的处理意见的审计报告。如对财务收支中错误和弊端的审查即属此类。它实际上是属于专案性质的财务审计报告。

(三)按审计报告的详简程度分类

按审计报告的详简程度可以分为简式审计报告和详式审计报告两种。

简式审计报告是审计人员对被审计单位的会计报表进行审计的审计报告。这是一种被广泛采用的审计报告形式。简式审计报告是向企业股东、投资者、债权人公布的附有会计报表的审计报告,具有标准格式,又称标准审计报告或公布目的的审计报告。

详式审计报告是审计人员对被审计单位的经营管理或其他特定项目的审计报告。如企业因合并、业务转让、融通资金而进行审计所编写的审计报告即属此类。详式审计报告只分发给有关当事人使用,而不对外公布,是非公开目的的审计报告。它没有固定格式,其内容较简式审计报告丰富、详细。它可根据不同审计项目的要求编写不同内容的审计报告,故又称为非标准审计报告。

三、审计报告的基本内容

不同种类的审计报告其内容也不尽相同。根据中国注册会计师协会发布的《中国注册会计师独立审计准则》的规定,其基本内容一般应包括以下几个方面。

(一)审计概况

审计概况内容较多,要求写得简单明了,一目了然。其内容包括:一是,审计标题(我国审计报告的标题一般规范为"审计报告");二是,收件人。报送单位名称(一般指审计业务的委托单位。应当载明委托单位全称,如"××有限责任公司董事会"等)。

(二)审计范围

审计范围包括:所审计的项目及其资料的起讫时间范围和查阅资料的范围(时间范围是指一个年度、一个季度或某一段时间;资料范围是指会计资料、统计资料或技术经济资料);会计责任与审计责任(会计责任是管理层对提供会计资料负责;审计责任是审计人员对这些会计资料发表审计意见负责);审计的依据(即中国注册会计师协会发布的《中国注册会计师独立审计准则》)。

(三)审计过程中发现的问题

审计过程中发现的问题包括正反两个方面,即成绩、经验和错误、弊端。如:审计财务报表的编制是否符合《企业会计准则》和国家其他有关财务会计法规的规定;财务报表在所有重大方面是否公允地反映了被审计单位资产负债表的财务状况和审计期间的经营成果以及资金变动情况;会计处理方法是否遵循了一贯性的原则。

(四)审计意见

审计意见是审计人员根据在审计中发现的问题进行的评价,提出的处理意见和建议。结论应说明审计人员所持意见的理由,包括:肯定意见、否定意见、保留意见及拒绝发表意见。最后应标明报告日期并由审计单位、审计人员签名盖章。

四、简式审计报告

简式审计报告一般用于年度财务报表的审计,附中国注册会计师审计准则 2007 年 1 月 1 日起施行的标准审计报告的参考格式,如图表 10-7 所示。

图表 10-7

标准审计报告的参考格式

审 计 报 告

ABC 股份有限公司全体股东:

我们审计了后附的 ABC 股份有限公司(以下简称 ABC 公司)财务报表,包括 20×1 年 12 月 31 日的资产负债表,20×1 年度的利润表、股东权益变动表和现金流量表以及财务报表附注。

一、管理层对财务报表的责任

按照企业会计准则和《××会计制度》的规定编制财务报表是 ABC 公司管理层的责任。这种责任包括:(1)设计、实施和维护与财务报表编制相关的内部控制,以使财务报表不存在由于舞弊或错误而导致的重大错报;(2)选择和运用恰当的会计政策;(3)作出合理的会计估计。

二、注册会计师的责任

我们的责任是在实施审计工作的基础上对财务报表发表审计意见。我们按照中国注册会计师审计准则的规定执行了审计工作。中国注册会计师审计准则要求我们遵守职业道德规范,计划和实施审计工作以对财务报表是否不存在重大错报获取合理保证。

审计工作涉及实施审计程序,以获取有关财务报表金额和披露的审计证据。选择的审计程序取决于注册会计师的判断,包括对由于舞弊或错误导致的财务报表重大错报风险的评估。在进行风险评估时,我们考虑与财务报表编制相关的内部控制,以设计恰当的审计程序,但目的并非对内部控制的有效性发表意见。审计工作还包括评价管理层选用会计政策的恰当性和作出会计估计的合理性,以及评价财务报表的总体列报。

我们相信,我们获取的审计证据是充分、适当的,为发表审计意见提供了基础。

三、审计意见

我们认为,ABC公司财务报表已经按照企业会计准则和《××会计制度》的规定编制,在所有重大方面公允反映了ABC公司20×1年12月31日的财务状况以及20×1年度的经营成果和现金流量。

××会计师事务所　　　　　　　　中国注册会计师:×××
　　（盖章）　　　　　　　　　　　（签名并盖章）
　　　　　　　　　　　　　　　　中国注册会计师:×××
　　　　　　　　　　　　　　　　　（签名并盖章）
　　　　　　　　　　　　　　　　中国××市
　　　　　　　　　　　　　　　　二〇×二年×月×日

按审计意见的不同,简式审计报告分为无保留意见、保留意见、否定意见、拒绝表示意见四种类型。现举例如下。

（一）无保留意见的审计报告

无保留意见的审计报告是审计人员对被审计单位的会计报表依照独立审计准则的要求进行审查后,确认被审计单位所采用的会计处理方法遵循了会计准则及有关财务会计规定;会计报表的内容符合被审计单位的实际情况,内容完整、清晰、无重要遗漏;报表项目分类和编制方法符合规定,被审计单位的会计核算制度较为完善。这样确认的审计报告可使报告的使用者对审计单位的财务状况、经营成果和资金变动情况给予较高的信赖。

无保留意见审计报告的基本格式见图表10-8所示。

图表 10-8

审 计 报 告

××有限公司董事会：

　　我们审计了后附的贵公司 2006 年 12 月 31 日的资产负债表及该年度的利润表和现金流量表。这些财务报表的编制是贵公司管理当局的责任，我们的责任是在实施审计工作的基础上对这些财务报表发表意见。

　　我们按照中国注册会计师独立审计准则计划和实施审计工作，以合理确信财务报表是否不存在重大错报。审计工作包括在抽查的基础上检查支持财务报表金额和披露的证据，评价管理当局在编制财务报表时采用的会计政策和作出的重大会计估计，以及评价财务报表的整体反映。我们相信，我们的审计工作为发表意见提供了合理的基础。

　　我们认为，上述财务报表符合国家颁布的企业会计准则和《企业会计制度》的规定，在所有重大方面公允反映了贵公司 200 年 12 月 31 日的财务状况及该年度经营成果和现金流量。

	中国注册会计师
上海申洲会计师事务所有限公司	中国注册会计师
	中国注册会计师
中国　上海	2007 年　月　日

（二）保留意见的审计报告

　　保留意见的审计报告是审计人员对被审计单位的会计报表的反映，认为从整体而言是公允的，但还有一些异议或疑问；根据被审计单位的实际情况及所掌握的审计证据看，审计人员持有保留的审计意见。如个别重要财务会计事项的处理或个别重要性会计报表项目的编制不符合《企业会计准则》及国家其他有关财务会计法规的规定，而被审计单位拒绝调整；因审计范围受到局部限制，无法取得应有的审计证据；个别会计处理方法不符合会计信息质量要求。

　　现以不符合一贯性原则的事项为例，保留意见审计报告的基本格式如下，见图表 10-9。

图表 10-9

审 计 报 告

××有限公司董事会:

　　我们审计了后附的贵公司 2006 年 12 月 31 日的资产负债表及该年度的利润表和现金流量表。这些财务报表的编制是贵公司管理当局的责任,我们的责任是在实施审计工作的基础上对这些财务报表发表意见。

　　我们按照中国注册会计师独立审计准则计划和实施审计工作,以合理确信财务报表是否不存在重大错报。审计工作包括在抽查的基础上检查支持财务报表金额和披露的证据,评价管理当局在编制财务报表时采用的会计政策和作出的重大会计估计,以及评价财务报表的整体反映。我们相信,我们的审计工作为发表意见提供了合理的基础。

　　经审计,我们发现贵公司在 2006 年度内,对库存商品的计价采用先进先出法,而上年度采用的是加权平均法,由于存货计价方法的变更,致使贵公司该年度利润总额减少×××元。

　　我们认为,除本报告第二段所述存货计价方法变更造成的影响外,上述财务报表符合《企业会计准则》和《企业会计制度》的有关规定,在所有重大方面公允地反映了贵公司 200×年 12 月 31 日的财务状况及该年度经营成果和现金流量。

	中国注册会计师
上海会计师事务所有限公司	中国注册会计师
	中国注册会计师
中国　上海	2007 年×月×日

(三) 否定意见的审计报告

　　在审计报告中,审计人员发表否定意见的较少。否定意见主要是否定财务报表反映被审计单位的财务状况、经营成果以及资金变动情况的真实性。审计人员只有在被审计单位的财务报表严重违反《企业会计准则》和国家其他有关财务会计规定,或财务报表严重扭曲被审计单位的财务状况、经营成果以及资金变动情况而被审计单位又拒绝调整时才能发表否定意见。因为财务报表的反映发生上述情况,其未调整事项的影响程度已超越一定范围而失去其价值,审计人员对此只能发表否定意见的审计报告。

否定意见审计报告的基本格式见图表 10-10 所示。

图表 10-10

审 计 报 告

××有限公司董事会：

我们审计了后附的贵公司 2006 年 12 月 31 日的资产负债表及该年度的利润表和现金流量表。这些财务报表的编制是贵公司管理当局的责任，我们的责任是在实施审计工作的基础上对这些财务报表发表意见。

我们按照中国注册会计师独立审计准则计划和实施审计工作，以合理确信财务报表是否不存在重大错报。审计工作包括在抽查的基础上检查支持财务报表金额和披露的证据，评价管理当局在编制财务报表时采用的会计政策和作出的重大会计估计，以及评价财务报表的整体反映。我们相信，我们的审计工作为发表意见提供了合理的基础。

经审计，我们发现贵公司资产负债表其他应付款项目中有应付××单位×××元，实际为××单位投入的资本金，而资产负债表未反映实收资本项目。我们认为这种会计处理方法违反了《企业会计准则》和《企业会计制度》的规定，我们经向贵公司提出调整意见而被拒绝采纳。

我们认为，由于本报告第二段问题所造成的重大影响，上述财务报表未能公允地反映贵公司 2006 年 12 月 31 日的财务状况及该年度的经营成果和现金流量。

上海会计师事务所有限公司	中国注册会计师 中国注册会计师 中国注册会计师
中国　上海	2007 年×月×日

（四）拒绝表示意见的审计报告

拒绝表示意见是指审计人员对被审计单位的会计报表不能表示意见。拒绝表示意见的审计报告主要是由于审计人员在审计过程中受到委托单位、被审计单位或其他客观环境的限制，不能取得必要的审计依据，无法对财务报表的整体表示肯定、否定或保留的意见而采用的一种发表审计意见的方式。

拒绝表示意见审计报告的基本格式见图表 10-11 所示。

图表 10-11

审 计 报 告

××有限公司董事会：

我们审计了后附的贵公司 2006 年 12 月 31 日的资产负债表及该年度的利润表和现金流量表。这些财务报表的编制是贵公司管理当局的责任，我们的责任是在实施审计工作的基础上对这些财务报表发表意见。

我们按照中国注册会计师独立审计准则计划和实施审计工作，以合理确信财务报表是否不存在重大错报。审计工作包括在抽查的基础上检查支持财务报表金额和披露的证据，评价管理当局在编制财务报表时采用的会计政策和作出的重大会计估计，以及评价财务报表的整体反映。我们相信，我们的审计工作为发表意见提供了合理的基础。

经审计，我们发现贵公司支出中有不少巨额现金支出，但缺少我们可以信赖的相关内部控制及会计记录，因此我们不能获取有关证实支出真实性的审计证据，无法采用适当的审计程序以证实支出的合法性和合理性。

鉴于本报告第二段所述原因，我们无法对贵公司 2006 年会计报表的整体表示审计意见。

中国注册会计师

上海申洲会计师事务所有限公司　　中国注册会计师

中国注册会计师

中国　上海　　　　　　　　　　　2007 年×月×日

五、详式审计报告

详式审计报告是审计人员对审计对象的主要经济业务和情况作详细说明和分析的审计报告。它主要适用于内部审计，用来帮助企业改善经营管理。其内容较简式丰富，一般要求详细说明审计工作概况、审计过程、审计结果、意见和建议。没有固定格式，可根据不同审计项目的要求书写不同内容。现举例如下：

第十章 审计工作底稿和审计报告

审 计 报 告

××集团公司董事会：

我们接受委托，对贵公司所属××公司法定代表人×××在任职期间的财务收支进行审计。审计了该公司2004年1月1日至2005年12月31日期间的资产负债表、利润表、现金流量表及有关会计资料，并结合该公司实际情况，实施了包括抽查会计记录、实物财产等我们认为必要的审计程序。

××××公司是开发电子软件的专业企业，2001年1月成立，注册资金1 500万元，法定代表人×××于2004年1月接任，至2005年12月离职，历时二年。因经营不善，亏损严重，准备停业清算。

经审计×××任职前，该公司处于营业萧条、效益滑坡状态。2001年末已累计亏损50万元，且部分资产流失，负债累累。×××到任后，主观意愿是想开拓业务，挽救危机，但事与愿违，企业经营一直处于不景气状态，最后终因收入少、支出多，不但没有挽救企业危机，反而日益加剧，最后导致企业停业。其主要问题是：

1. 经营亏损严重

2004年1月至2005年12月营业收入仅200万元，而费用支出却高达180万元，加上营业外支出因素，净亏损达170万元，比2001年末的累计亏损多120万元，增幅为240%。再加上账务处理不当，应调整增加亏损124万元因素，则亏损累计294万元，连同2001年前亏损数50万元，共计亏损344万元。此外，尚有库存商品贬值、固定资产报废、坏账损失等潜亏因素未计算在内。

2. 固定资产管理不严，利用率不高

该公司现有固定资产300万元。其中未使用、不需用的固定资产占固定资产原值的60%，尚有近期失效需要报废处理的未计算在内。

3. 会计核算不规范

（1）部分会计记录手续不全，经审计发现，近年内预付款项无单位、无受款人签章的合计25万元。

（2）费用支出乱开口子。该公司经营亏损严重，但职工奖励金、各种专项补贴名目繁多，支出庞大，除工资外，还有误餐补贴、展销补贴、调休补贴、业务介绍费、销售提成奖励费等等不胜枚举。仅业务介绍费一项在两年中就支付职工10万元（毛利仅20万元），其中支付法人代表×××5万元。

(3) 账务处理混乱。2004年固定资产报废124万元,未作营业外支出,以冲减实收资本入账,造成隐亏,影响账务的真实性。

(4) 代外单位承担借款利息。2004年3月代××单位向银行借款300万元,年内支付利息20万元,只向××单位收回利息10万元,利息损失10万元。

综合以上问题,法人代表×××在任职期间经营不力,理财不善,财产管理不严,收入减少,支出庞大,造成企业亏损严重,已濒临停业状态。建议值此公司即将停业之际,在×××离职前,应尽力做好企业停业清算工作,清理财产,核对债权债务,调整账务,以减少企业损失。

会计师事务所(公章)   中国注册会计师(签章)

2003年×月×日

六、审计报告的编制

(一) 编制审计报告的要求

不同的审计报告,其编制的具体要求也有所不同。但其基本要求是一致的。为了较好地发挥审计报告的作用,使审计报告的使用者能了解和判断被审计单位的财务状况、经营成果和资金变动情况,编制审计报告一般应做到以下几点。

1. 情况真实,证据确凿

审计报告是审计工作的总结,是为审计报告的使用者提供数据,作出判断、决策的依据。因此,审计报告要从实际出发,所列事实必须真实、确凿,要凭数据说话。所有证据都需经过反复核实,达到客观、公正、实事求是的要求,决不能凭主观臆断,更不能提供伪证。

2. 明确责任,分清界限

在审计报告中,要分清审计人员与被审计单位会计人员的责任界限,两者不能混淆。审计人员是根据被审计单位的会计报表进行审计的,这就涉及会计报表是否符合《企业会计准则》,审计报告是否符合《审计准则》的责任问题。按规定审计人员应对审计报告的真实性、合法性负责;被审计单位的会计人员则应对会计报表的真实性、合法性负责。两者不能替代。审计报告中应明确两者的界限。

3. 观点正确，重点突出

在审计报告中，对问题的分析、评价和结论要从全局出发，观点鲜明，不能模棱两可，似是而非。同时，因审计过程中涉及的问题很多，审计报告不可能面面俱到，这就要求报告应突出重点，把主要问题说清说透即可，次要问题简明扼要，甚至可略而不谈。

（二）编制审计报告的步骤

编制审计报告是一项比较细致的工作。一般来说，应由审计项目负责人编制。通常需经过以下几个步骤。

1. 整理审计工作底稿

审计工作底稿是编制审计报告的基础，是审计人员在审计过程中积累的大量的审计资料和证据。这些资料和证据是分散的、不系统的，因此，必须加以归类、整理和分析，在全面审阅的基础上，按审计准则的要求，去粗取精，将重要的、有价值的内容纳入审计报告，作出综合结论，形成书面记录。

2. 进行财务报表调整

审计人员在整理分析审计工作底稿过程中，如发现被审计单位的会计记录或会计处理方法存在问题，应提请被审计单位加以改正，并相应调整会计报表的有关项目。在取得被审计单位一致意见的基础上，由被审计单位作出调整记录，有的问题应在审计报告中加以说明，有的则应重编财务报表，以调整后的会计报表作为审计报告的附件。

3. 拟定提纲，撰写初稿

通过整理、分析审计工作底稿和调整会计报表，审计人员对被审计单位的成绩和问题已基本掌握。在此基础上，可着手拟定审计报告提纲，概括和汇总审计工作底稿的资料，确定审计意见的类型和措辞，明确问题性质和内容以及采用的证据和附件，然后，用文字加以组织表述，形成审计报告初稿。

4. 征求意见，出具审计报告

审计人员在审计报告初稿的基础上，进一步按规定的类型和结构进行文字加工直到定稿。审计报告定稿后，必须向被审计单位征求意见，力求审计报告的内容符合客观实际。如被审计单位的意见合理，应予采纳并修改审计报告；如被审计单位意见不正确，也应加以说明。如审计人员发表的审计意见证据不足，应追加审计程序，以保证审计证据的充分性和适当性。

复习思考题

1. 什么是审计报告？它具有什么作用？
2. 试述审计报告的分类。
3. 编制审计报告的基本要求是什么？
4. 试述审计报告的基本内容。
5. 举例说明简式审计报告的格式。
6. 什么是审计工作底稿？它对审计工作有何作用？
7. 试述审计工作底稿的类型和内容。
8. 试述撰写审计报告的要求和步骤。

第十一章

验　资

学习目标　本章主要阐述验资的意义、种类、原则、步骤和方法等方面的基本知识。通过学习，要求了解验资的意义、种类和原则，明确验资的委托、计划、实施、报告四个阶段的工作程序和内容，掌握设立验资和变更验资以及货币资金、实物资产、应收应付款项等项目的具体验审方法的知识和技能。

验资是指审计人员依法接受委托，对被审验单位的注册资本实收情况或注册资本及实收资本的变更情况进行审验并出具验资报告。根据《中华人民共和国公司法》规定，"股东全部缴纳出资后，必须经法定的验资机构验资并出具证明"；根据《中华人民共和国公司登记管理条例》规定，"公司变更注册资本的，应当提交具有法定资格的验资机构出具的验资证明"。因此验资是我国法律赋予的一项法定审计业务。凡是在我国境内新设立的或变更注册资本的企业或实行企业化管理的事业单位必须聘请我国法定验资机构所属的注册会计师进行验资。为了规范注册会计师执行验资业务，明确工作要求，保证执业质量，由中国注册会计师协会制订并经财政部于2006年批准发布施行的《审计准则第1602号——验资》，使我国审计工作进一步实行了法制化和规范化。

第一节 验资的意义和种类

一、验资的意义

企业开展生产经营活动必须具备一定数额的符合于国家规定和适应企业生产经营需要的资本金。根据我国法律规定,企业在开业或变更登记时,必须由被审验单位聘请中国注册会计师验资并开具验资报告才能向登记机构办理开业或变更登记。这不仅是验证企业资本存在的真实性的需要,也是验证企业产权关系和依法保障社会经济秩序的需要。其意义具体从以下三个方面说明。

(一)验资可以促使企业按照法律、合同和协议规定,验证企业资本存在的真实性和合法性

资本是企业生产经营的必要因素,及时足额地投入资本,是促使企业及时投入生产经营的必要条件。但是有的投资人往往忽视国家的法律规定,不做好资金准备,仓促上马;或者只准备了少数资金,使企业不能开展经常性的活动,既不能取得社会的信赖,也不能发展正常的商业关系,严重影响了国家的信誉和企业的发展。因此国家严格要求投资人必须足额缴纳公司章程中规定的各自所认缴的出资额。以货币出资的,应当将货币出资足额地存入公司在银行设立的临时账户;以实物或非实物资产投资的,应当依法办理其财产权的转移手续,由注册会计师加以验证,并出具证明。以此证明投资人确实依法缴足了资本,验证了资本的真实性,并促使企业依法经营。

(二)验资可以促使投资人遵守投资各方的协议,维护投资各方的利益

我国的投资企业有不同的所有制,由各种不同的投资者以不同的方式投入企业资金。各种企业不仅在出资数额、出资比例、出资方式、出资期限等方面在合同、协议上有所规定,而且在资产作价、汇率规

定等方面也各有不同,以致在投资后往往发生纠纷或相互挤占,造成不良影响。因此必须通过验资,促使投资人按照法律和合同、协议的规定如实缴纳股金,以维护投资者的共同利益。

(三)验资可以防止投机诈欺行为,保障社会经济秩序

在企业的投资活动中,往往发现有非法投机诈欺等行为。某些投机者往往企图实行无本经营、非法牟利。如有的资金是借用的,登记后即抽逃偿还;有的资金不到位,祸害共同投资者;有的通过有关部门出具假证明,并伪造账表、凭证等资料来蒙骗查账人员;有的则用同一资产作为两个公司的资本,进行诈骗。这些行为严重危害了社会秩序,损害了合伙关系和审计人员的利益。实行验资以后,有利于防止投机诈欺行为,保障社会经济秩序。

二、验资的种类

验资一般分为设立验资和变更验资两种类型。

(一)设立验资

设立验资是指注册会计师依法接受委托,对被审验单位申请设立登记时的注册资本实收情况进行审验。由于在设立验资时,被审验单位尚未开始或者刚开始生产经营活动,只要把投入的被审验单位的货币资金、实物资产和无形资产的价值查验准确,即可确认所有者的权益。因此设立验资的主要目的是为了验证被审验单位的注册资本是否符合法律法规的要求,各投资者是否按合同、协议、章程规定的出资比例、出资方式和出资期限缴纳资本。验资的范围主要是实收资本以及相关的资产和负债等。

(二)变更验资

变更验资是指注册会计师对被审验单位申请变更登记时注册资本及实收资本的变更情况进行审验。包括单位合并、分立、发行新股、转让股权,或被审验单位实收资本比原注册资本增加或减少超过20%,注册会计师依法接受委托对其变更的注册资本和实收资本的真实性、

合法性进行的审验。变更登记的目的是为了验证被审验单位注册资本的变更事宜是否符合法定程序,注册资本的增减是否真实,相关的会计处理是否正确。由于在变更登记时,被审验单位处于生产经营过程中,企业有比较多的负债,哪些是负债所形成的资产,不易分清;而企业也有一定的积累,这部分积累也不能从资产形态上加以区分。所以验资范围就要由设立验资的内容扩大到包括实收资本以及相关的资产、负债等项目,也可能扩大到所有者权益项目及其相关的资产、负债等项目。由此可见,变更验资比设立验资更为复杂。

第二节 验资的一般原则

验资是一项重要而严肃的工作,验资人员在执行验资业务时,应当恪守独立、客观、公正的原则,并对验资报告的真实性、合法性负责。一般的原则有下列几个方面。

一、恪守独立、客观、公正的原则

独立的原则是指在执行验资业务时,应当在实质上和形式上独立于委托单位和其他单位。审计人员和委托单位之间必须保持实质上的独立,双方毫无利害关系;同时还应独立于外部的其他机构和组织,不受其干扰和影响。出具的验资报告也无须经过任何其他部门的审定和批准。

客观的原则是指在执行验资业务时必须从实际出发,注意调查研究。在判断和处理问题时,以客观事实为依据,实事求是,不掺杂个人的主观意愿,不为委托单位或第三者的意见所左右,做到表述的意见有依有据。

公正原则是指公平正直,不偏不倚,公平合理地对待各有关方面。

二、验资报告要体现真实性和合法性

验资报告的真实性是指验资报告应如实反映验资范围、验资依据、

已实施的主要验资程序和应发表的验资意见。

验资报告的合法性是指验资报告的编制必须符合《中华人民共和国注册会计师法》和《独立审计实务公告第1号——验资》的规定。真实、合法是验资的首要条件。

三、验资人员应对被验资单位不遵守验资基本规则和行为予以纠正

首先,对于尚未建立会计账目的被审验单位,应在审验以前提请其建立必要的会计账目。

其次,遇到下列情况之一时,应当明确告知被审验单位予以纠正,如坚持不改的,应拒绝出具验资报告:被审验单位不能提供真实、合法、完整的验资资料的;被审验单位对应当进行审验的项目不提供合作,甚至阻挠审验的;被审验单位坚持要求注册会计师作不实或不当证明的。

四、实行注册会计师负责制

执行验资业务,应由注册会计师负责。注册会计师在执行验资业务时,可根据需要配备相应的助理人员或专家协助其工作,但必须对这些人员的工作结果负责。

注册会计师应对助理人员的工作进行指导、监督和检查并对其工作结果负责;对聘请的专家应考虑其能力和独立性并对其工作结果负责。

第三节 验资的步骤

验资步骤是指验资单位从接受验资委托到出具验资报告为止的整个验资业务的工作过程。具体包括接受验资委托阶段、验资计划阶段、验资实施阶段和验资报告阶段等四个阶段。验资单位在接受验资以后,就应该根据验资委托书内容和《独立审计实务公告第一号》的要求,对验资项目的组织实施作出具体安排,制定出严格的验资程序和手续

以保证验资的质量。

一、接受验资委托阶段

接受验资委托阶段是验资工作的准备阶段,验资人员应从下列两个方面进行工作。

(一)了解基本情况

验资人员应首先对被审验单位的情况作基本了解,考查被审验单位的组织经营能力,评价验资风险,以确定是否接受委托。需要了解的基本情况包括:被审验单位的经济性质、经营范围、法人代表、组织机构和人员情况;验资类型和目的;投资人名称和投资情况;经营情况和经营风险;其他与签订业务约定书相关的事项。如图表 11-1 所示。

图表 11-1

被审验单位基本情况表   编制人员　日期
　　　　　　　　　　　　复核人员　日期

被审验单位名称	(中文)						
	(英文)						
验资类型							
注册地址							
办公地址							
联系电话			传真				
电子信箱			邮编				
企业类型							
法定代表人							
经营范围							
审批机关及文号							
营业执照号码							
开户银行账号							

投资人	注册资本			实收资本		
	币种	金额	比例	币种	金额	比例

验资人员对被审验单位的基本情况作了了解以后,应考虑其是否符合验资要求,是否有可能涉及验资风险,进而确定是否接受委托。如决定接受委托,双方应进一步协商签订业务约定书。

(二)签订业务约定书

业务约定书是验资单位与被验资单位双方对受托和委托关系的确认书。它明确验资的目的、范围和双方的责任和义务。被验资单位应提供必要的资料和验资的工作条件,支付验资费用;验资单位应提供工作的程序和时间,经双方盖章后生效。《验资业务约定书》的主要内容包括:委托目的;验资种类;验资范围;委托和受托双方的责任;委托和受托双方的义务;验资业务时间要求;验资收费;违约责任。

二、验资计划阶段

验资计划是在具体执行验资程序之前编制的工作计划。业务约定书签订后,审计机构应组织验资工作小组,指定审计主办注册会计师及工作人员,及时制订验资计划。

验资计划应包括验资总体计划和验资程序计划。验资总体计划是验资的总体安排,具体包括三个部分:一是验资的基本要求;二是验资人员和验资收费;三是验资工作内容及其时间预计和人员分工。验资程序计划是指每一验资项目的审验程序表,如货币资金的审验程序表、实物资产的审验程序表等。验资计划的繁简程度取决于被审计单位的经营规模和预定验资工作的复杂程度。如企业成立时的验资情况比较简单,只要通过编制验资程序表即可完成验资的程序计划。但在变更验资的情况下,企业的资产、负债和积累都起了变化,注册会计师就应当按照会计报表审计和设立验资程序计划的要求编制程序计划。

验资总体计划的参考表式如图表11-2所示。

三、验资实施阶段

验资实施阶段是验资业务的关键阶段,其内容包括验资取证、会计

图表 11-2

验资总体计划

被审验单位名称					
验资类型		验资目的			
验资范围					
验资重点					
验资风险评估					
人员组成	项目负责人		签字注册会计师		
	助理人员				
验资收费预算					
工 作 内 容		时间预算	执行人员	执行日期	底稿索引
了解被审验单位的基本情况					
签订验资业务约定书					
设立验资	货币资金出资审验				
	实物资产出资审验				
	无形资产出资审验				
	相关会计处理审验				
	其他事项特殊审验				
变更验资	变更理由及依据审验				
	变更前实收资本审验				
	变更后实收资本审验				
	其他事项特殊审验				
整理、复核验资工作底稿					
撰写、出具验资报告					

编制人：　　　　　　　　　　复核人：

账目审验和验资工作底稿。验资人员必须取得充分适当的验资证据，并对有关证据和有关会计账目进行审验，保证证据的真实可靠。对验资过程中的各种证据和文件资料应形成书面记录，成为验资工作底稿，在验资结论中作为重要依据。

(一)验资取证，辨认证据的真实性和合法性

1. 验资取证

取证是验资工作的一个重要步骤，其目的是证实验资证据的真实可靠和法律效力。验资人员必须对内部证据和外部证据进行审验，查实其来源的可靠性和法律依据。

企业验资时一般应取得下列有关资料并对其进行适当的审验：

(1)被审验单位的设立申请报告、可行性论证报告、变更登记的决议和审批机关的有关批复。

(2)被审验单位的合同、协议、章程(包括变更前后)。

(3)投资者的营业执照或准予开业的营业执照副本。

(4)被审验单位的财务报表资料(包括募集设立的股份有限公司过去三年的会计报表及其审计报告)。

(5)被审验单位法定代表人的任职文件和身份证明等。

(6)对出资者投入资本及其相关资产、负债，应分别采用下列方法审验取证：

① 以货币出资的，应当在检查被审验单位开户银行出具的收款凭证、对账单及银行询证函回函的基础上审验出资者实际出资额和货币出资比例是否符合规定；对股份有限公司向社会公开募集的股本，还应检查证券公司承销协议，募股清单和股票发行费用清单等。

② 以实物出资的应检查实物、审验其权属转移情况及其价值。

③ 以知识产权、土地使用权等无形资产出资的应审验其权属转移情况，并按国家有关规定审验其价值。

④ 以净资产折合实收资本的，或以资本公积、盈余公积、未分配利

润转增注册资本及实收资本的,应按国家规定审验其价值。

(7) 其他法律、法规规定的有关资料,如有关外商投资企业、股份有限公司等的特殊规定的资料。

2. 辨认证据

对取得的各种投资凭证必须注意其真实性,在审查有关文件、记录时,应注意是否经过有关人员签章,各种资料之间有无矛盾或不符,有否涂改和伪造。如果为复印件,必须验证原始凭证。

(二) 审查有关的会计凭证和账目,检查其合理性和合法性

在验资时必须切实做好必要的审计,严格防止伪造、变造出资凭证,或者先出资后抽资,先挂账后逃账等不法行为。审计人员应严格按照财务会计制度的规定,重点审查与投入资本相关的会计处理,核定各有关项目的会计报表数据,将总账、明细账、日记账、记账凭证和原始凭证核对相符。在审查投入资产时,不仅要查看其会计处理是否符合制度规定,而且要查看与投入资本有关的实收资本和货币资金、实物资产和无形资产的变化,防止变相抽资或将投入资金发还原主。在实施变更验资时,除了对投入资本从严审核外,并应按照会计报表审计的基本要求和程序执行,确认其真实性、合理性和合法性。验资人员应深入企业对已作投资的资产的数量、质量、价格和产权归属进行审验,并对投资主体、出资方式、出资比例、出资期限和投资币种等重要事项进行审验。对于外商投资企业、股份有限公司以及国有资产的财产交接,应查明是否按照国家的有关规定办理。

(三) 完善验资工作底稿,形成验资意见

在整个验资过程中,验资人员必须对验资项目的验资情况、工作记录、处理过程和结论形成书面记录作为验资底稿。它不仅是形成和发展审计意见的主要依据,也是监督、复核验资工作的重要依据。所以必须保证验资工作底稿的内容完整、格式规范、标识一致、记录清晰、结论明确,使验资工作底稿成为验资结论的重要依据。

四、验资报告阶段

验资工作的最后阶段是出具验资报告。注册会计师应当在实施必要的验资程序后,以经过核实的验资证据为依据,分析、评价验资结论,形成验资意见,出具验资报告。验资报告应包括正文和附件,二者具有同等的法律证明效力。注册会计师在提交报告前,要求做到:小组成员研究讨论验资工作中发现的问题及处理意见,做到统一思想,有些问题在必要时可以追加审验程序;草拟验资报告;将草稿送交负责人审核;向委托单位提交验资报告。

有关验资报告的具体内容详见第五节验资报告。

第四节 验资的方法

验资人员对于投资者投入的资本,应按其不同的出资方式从形成实收资本的货币资金、实物资产和无形资产以及相关的负债、所有者权益等方面采用下列方法验证。

一、货币资金投入的验证

对于以货币资金投入的资本,应在被审验单位开户银行出具的收款凭证及银行对账单等的基础上进行审验。主要有以下各点:

第一,货币资金投资清单是否与经批准的设立合同、章程、协议等的规定相一致。投资外方是否以外币出资,如以从中国境内其他外商投资企业分得的人民币利润再投资的,是否取得当地外汇管理部门出具的认可证明。

第二,投资者认缴的投资款是否按规定如数、如期缴入被审验单位开立的银行验资专户。根据《中外合资经营企业各方出资的若干规定》,如果合营一方未按照合同的规定如期缴付或者缴清其出资的,即构成违约,在验资中可按合同规定要求违约方支付迟延利息或要求赔偿损失。

第三,收款凭证中收款单位是否为被审验单位,缴款单位是否为投资者,汇付款项的用途是否明确为"投资款"。外方汇入的投资款,如果汇款人不是外方出资人,应要求投资者提供能够证明其汇入款项确为外方所有并且作为投资的证件方可验证。

第四,货币币种是否符合设立合同、章程、协议等的要求,汇率折算是否正确。

第五,实收资本、银行存款等的会计记录是否完整、正确,与银行对账单的收款日期、金额是否相符。

第六,向社会公开募集股本设立的股份有限公司应审查发起人认购的股份、向社会公开发行的股份和一个自然人的持股额占股份总额的比例是否超过规定,还应审验承销机构的承销协议和募股清单。

第七,对中外合资经营企业应审查中外各方投资比例是否符合规定,出资期限是否合乎要求。

二、实物资产投入的验证

以房屋、建筑物、机器设备和材料等实物资产投资的,验资人应清点实物,验证其财产权的归属,并在合同、协议、章程的基础上进行以下审验。

第一,实地观察和抽查实物资产,并与实物投资交接清单中的品名、规格、数量、质量和作价等内容核对看其是否相符。在抽验中要注意机器是否配套,质量是否相符,是否符合本公司需要,是否与合同、章程、协议等有关规定相符。

第二,对投资者投入的国有资产应以经国有资产管理部门确认的资产评估报告为主要依据进行验证,查验出资的实物品名、数量、规格与合同规定是否相同,入账价格与资产评估价格是否相同,是否办理了产权过户手续。

第三,审验外商投入的进口实物是否经过商检部门或其他鉴定机构办理价值鉴定手续并出具了价值鉴定证书。验证工作要着重核对其所列明细实物品名、数量、规格与企业出具的验收单是否相符,与合同规定是否相符,如有不符应补办手续;要核对鉴定价值是否与合同规定的价格相符,如有差异,按规定应以鉴定价值为准。

第四,投资者投入房屋建筑物时应核实其地点、建筑结构、已使用年限和作价依据是否与合同、协议等规定相符,产权是否归投资者所有,有否合法证明。

三、无形资产投入的验证

以工业产权、非专利技术和土地使用权等无形资产投资的,验资人应验证其财产归属权和作价依据,主要应验证以下各点:

第一,投资人投入的无形资产须与经批准的设立合同、章程、协议等的规定相一致。查验有否经过有关部门批准,是否有所有权证,投入国有资产是否经过资产评估。

第二,以工业产权和非专利技术投资的,提交的有关资料包括专利证书、商标注册证书、技术特征、作价依据等是否齐全,是否经过验收鉴定,是否被审验单位和投资各方所确认,是否已办理了产权移转手续。

第三,以无形资产投资(不含土地使用权)是否符合一般不超过被审验单位注册资本20%的国家规定。

第四,以土地使用权投资的,其使用权的作价应按国家的有关规定办理。验资时应核实其面积、用途、使用年限及作价的依据,查明是否经过土地管理部门批准转让并办理了土地使用权证明的变更登记手续。

第五,外方以工业产权、专有技术等无形资产投资的,应审查是否符合下列条件:能生产中国急需的新产品或出口适销产品的;能显著改进现有产品的性能、质量,提高生产效率的;能显著节约原材料、燃料、动力的。

验证时,外方经提交该工业产权或专有技术的有关资料以及作价协议等有关文件应以经有关部门批准的证明作为验证依据。

验资人员应对被审验单位的上述实收资本及相关资产、负债的会计记录进行审核。如果发现误差,应提请被审验单位调整;如果被审验单位拒绝进行调整,验资人员应当根据需要调整事项的性质和重要程度,确定是否在验资报告中予以反映。

四、应收、应付等结算款项的验证

应收、应付、预付、预收等结算款项在设立验资中发生的数额虽不多,但在验资中却具有重要意义。在变更验资中则情况更为复杂。例如某些投机者往往利用应收账款等账户,虚假转入资本,或者利用应付账款等账户,将已投入的资本转出,借此伪造账表凭证等方法欺骗查账人员。验证的方法主要有以下两点:

其一,取得或编制应收、应付等各项结算款项清单,核对其余额是否与总账和明细账相符;发现金额较大的应与投资者有关的往来款项核对,通过核对及检查有关凭证账册,查明资金的来龙去脉。

其二,对有可疑的虚假入资或变相抽资的行为作进一步分析,有必要时与有关单位作核对鉴别。

五、实收资本的审验

实收资本是验资的实质性账户,验资人员应查阅被审验单位的设立申请报告、审批机关的批复文件、企业的合同、协议和章程,查验下列各项内容:

第一,投入的资本金额是否相符,其中外币折算、实物和无形资产的计价是否按规定办理,应经过评估的资产是否经过评估。

第二,各项投资的限额、投资比例和出资期限是否按规定办理。

第三,各项凭证手续是否齐全,会计处理是否符合有关财务会计制度的规定。

第四,有关外商投资企业、有限责任公司和股份有限公司的特殊处理规定是否遵照办理。

六、资本公积的审验

资本公积与实收资本有密切关系,验资人员应根据有关账册凭证审验下列各项内容:

第一,审验与验资有关的外币汇率与资本折算差额是否与合同、协议、章程和财务制度相一致。

第二,审验对财产价值重估、资本溢价和捐赠款所产生的增值是否符合有关文件资料的精神,是否与事实相符合。

第三,审查从资本公积中开支的有关股票发行费用等是否符合规定。

第四,审查与资本公积有关的会计处理是否正确,明细账是否与总分类账相符。

七、变更验资的审验

上述所列各点适用于设立单位的验资,一般也适用于变更验资。但后者审验的范围和内容相对更为复杂。在一般情况下,审验时应注意下列各点:

第一,因合并、分立、增加资本或减少资本而增加或减少的注册资本,其变更内容应与董事会或股东会议的有关规定核对一致,并审验其是否经过有关主管部门批准。

第二,新增加的资本应核对其是否相符,实物资产及无形资产应检验其财产所有权及价值评估是否正确无误,质量是否符合规定。

第三,审查对企业变更资本的会计处理是否合理、正确,明细账与总分类账是否相符。

第四,对被兼并企业的全部资产应进行全面核对清查,评估作价,并依此进行相应的财务会计处理,编制兼并成交日的财务报告。注册会计师应验审财务报表是否合法、正确,是否经过审查批准,各项升溢和损失是否认真处理并计入当期损益,尚未处理的潜亏、亏损挂账、产品清查损失是否报请主管财政机关审批并冲减盈余公积金和资本公积金,不足部分是否冲销资本金。

第五,盈余公积用于转增资本或分派股利后的余额,是否不低于注册资本的 25%,当年的配股比例是否不超过注册资本的 30%,送配股的时间间隔是否在 12 个月以上。

第五节 验 资 报 告

验资人员在实施了必要的验资程序,取得了验资证据,然后经过分析评价,形成了验资意见,经主办注册会计师签名盖章并加盖验审机构公章后,出具验资报告。根据有关法律,验资报告具有证明效力。

一、编制验资报告的步骤

验资报告一般由主要注册会计师负责编制。先由报告编写人查阅审计过程中所形成的验资工作底稿,遵照《独立审计准则》、《企业会计准则》和其他法令、政策的规定提出公正、客观、实事求是的验资初稿,经有关验资人员讨论,统一意见后形成验资报告,最后报验资机构盖章后报送委托单位。验资报告的形成一般需经过以下几个步骤。

(一) 整理和分析验资工作底稿,提出综合结论

注册会计师应根据验资工作的内容和要求,对验资工作底稿进行整理和分析,作出初步的分析意见,请全部验资人员进行讨论,统一意见后形成书面记录,作为综合结论。注册会计师应根据综合结论出具不同的验资报告。对被审验单位在实收资本(股本)及相关资产负债的确认方面符合《企业会计准则》及《独立审计准则》和有关法规要求的项目,可以出具无保留意见的验资报告。如果存有异议,则可要求被审验单位调整会计报表。

(二) 调整被审验单位的会计报表

注册会计师在整理和分析验资工作底稿的基础上,应向被审验单

位通报验资情况、初步结论和要求调整会计报表的事项。如果被审验单位已经同意调整意见,则审计报告不必将已调整的事项再作出说明。如果被审验单位不接受调整意见,或者注册会计师认为在必要时应当作出说明的,应该清晰地反映有关事项并说明理由。

(三) 确定验资意见

验资意见一般分为无保留意见和保留意见两种类型。无保留意见表示验资人和被审验单位的意见已经取得一致。会计报表已经取得修改的,也属于无保留意见的报告。如果双方存在异议且无法协商一致,或注册会计师认为必要时,应增列说明段,清晰地反映有关事项及其理由。

(四) 编制和出具审计报告

注册会计师根据会计报表调整情况,确定意见后提出验资报告,送经验资机构业务负责人复核,并请提出修改意见。如验资证据不足以表示验资意见时,可以追加审计程序,以确保验资证据的充分性和适当性。

验资报告经复核、修改定稿并经盖章后,可径送委托人,无需经其他单位审定。委托人或其他第三者因使用验资报告不当所造成的后果,与验资人员及验资机构无关。

二、验资报告的基本内容

验资报告的内容要全面完整,报告的书写形式要统一规定,责任界限要分明,验资的证据要确凿,确保验资对象、理由和结论等的明确表述。签署验资报告的日期应为完成验资工作的日期,而不是资产负债表日期。验资报告包括以下内容。

(一) 标题

标题统一规范为"验资报告"。

(二) 收件人

收件人为验资业务的委托人,验资报告应当载明收件人的全称。

(三) 范围段

验资报告的范围段应说明以下内容:第一,验资范围;第二,被审验单位责任与验资责任;第三,验资依据;第四,已实施的主要验资程序等。验资人员在本段中应明确说明,保护资产的安全、完整是被审验单位的责任和验资人的责任。

(四)意见段

意见段应当明确说明验资人员的验资意见。在发表验资意见时,验资人员应明确说明截止到验资报告日确认的被审验单位实收资本(股本)及相关资产、负债的数额。

(五)说明段

验资人员与被审验单位在实收资本(股本)及相关的资产、负债的确认方面存在异议且无法协商一致时,或在验资人员认为必要时,应当在意见段之后增列说明段,清晰地反映有关事项,并说明理由。主要有下列情况:双方在投入资本及相关的资产负债方面的确认存在异议,并不能取得一致意见;投入的实物资产虽经投资者保证和审验单位的确认,但尚未办理财产转移手续;投资行为虽已发生,但被审验单位对投入的资本及其相关的资产、负债项目尚未进行会计处理;投资主体、出资方式、出资比例、出资期限、投资币种等重要事项与被审验单位的合同、协议、章程的规定不符,并未查明原因;注册会计师认为有必要特别说明的其他事项。

(六)签章和验资机构盖章

验资报告应由主办注册会计师签名盖章并加盖验资机构(会计师事务所)公章。验资报告应当径送委托人,无需经其他单位审定。

(七)报告日期

验资报告日期是指主办注册会计师完成外勤审验工作的日期。

(八)附件

验资报告附件包括"投入资本(股本)明细表"、"验资事项说明"以及注册会计师认为必要的其他附件。"验资事项说明"应包括:被审验单位的组建及审批情况;被审验单位的投资者名称(可另列"投入资本明细表");被审验单位的注册资本(可另列"投入资本明细表");被审验单位合同、协议、章程关于各投资者的出资方式、出资比例、出资期限、投资币种等的规定;各投资者的实际出资方式、出资比例、出资日期、投资币种;注册会计师认为应当说明的其他事项。

三、验资报告举例

以下设例仅作基本格式示范,具体数据从略。

【例1】 有限责任公司验资报告。

设 AA 有限公司经审批部门批准设立,由甲乙两方共同出资组建。现在所有资本××万元已经全部收到,委托 XYZ 会计师事务所对该公司的实收资本及相关的资产负债的真实性和合法性进行审验。经审验结果,XYZ 会计师事务所认为该公司提供的资料公允地反映了该公司在实收资本及相关的资产、负债等财务情况,同意发给无保留意见的验资报告。

验 资 报 告

AA 有限公司:

我们接受委托,对 AA 有限公司截至 200×年×月×日止的实收资本及相关的资产和负债的真实性和合法性进行了审验。在审验过程中,AA 有限公司的责任是提供真实、合法、完整的验资资料,保护企业资产的安全、完整;我们的责任是按照《审计准则第 1602 号——验资》的要求,实施了必要的审核程序,出具真实、合法的验资报告。

AA 有限公司申请的资本为××万元。根据我们的审验,截至 200×年×月×日止,AA 有限公司已收到其股东投入的资本××万元,其中实收资本××万元,资本公积××万元。与上述投入资本相关的资产总额为××万元,其中货币资金××万元,实物资产××万元,无形资产××万元。

附件(一) 投入资本明细表
附件(二) 验资事项说明

XYZ 会计师事务所(公章)   中国注册会计师(签名盖章)

地址: 报告日期:200×年×月×日

附件(一)

投入资本明细表

被审验单位名称：AA 有限公司　　截止到 200×年×月×日　　　　货币单位：

投资者名称	申请的注册资本		投入资本				
	金额	出资比例	货币资金	实物资产	无形资产	合计	占投入资本比例
合计							

编制单位：　　　会计师事务所：　　　注册会计师：　　　填表人：

附件(二)

验资事项说明

一、组建及审批情况

拟设立的 AA 有限公司经××(审批部门)××字××号"××"(批文名称)的批准，由××(以下简称甲方)和××(以下简称乙方)共同出资组建，现正申请办理工商登记注册手续。

二、申请的注册资本及出资规定

根据经批准的合同、协议、章程的规定，AA 有限公司申请的注册资本为××万元，由甲乙双方分×期于　年　月　日内缴足。甲方应出资××万元，占注册资本××％，出资币种为人民币，出资方式为货币资金××万元，实物资产××万元，无形资产××万元；乙方应出资××万元，占注册资本××％，出资币种为人民币，出资方式为货币资金××万元，实物资产××万元，无形资产××万元。

三、实际出资情况

甲方合计投入××万元，包括：

于　年　月　日缴存××银行××临时账户(账号：　　　)××万元；于　年　月　日投入实物资产(具体名称、数量、规格等)，作价××万元；于　年

第十一章 验 资

月 日投入无形资产（具体名称、有效状况等），作价××万元。合计××万元。

乙方合计投入××万元，包括：

于 年 月 日缴存××临时银行××账户（账号： ）××万元；于 年 月 日投入实物资产（具体名称、数量、规格等），作价××万元；于 年 月 日投入无形资产（具体名称、有效状况等）作价××万元。

四、其他说明事项（略）

【例2】 有限责任公司变更验资报告。

BB有限公司投入资本发生变化，变更前的注册资本和投入资本分别为××万元和××万元，变更后的注册资本为××万元。经XYZ会计事务所对该公司的投入资本变更情况的真实性和合法性进行了审验，发给了变更验资报告，报告的格式如下：

验 资 报 告

BB有限公司：

我们接受委托，对BB有限公司截至200×年×月×日止的注册资本、投入资本变更情况的真实性和合法性进行了审验。在审验过程中，BB有限公司的责任是提供真实、合法、完整的验资资料，保护资产的安全、完整，我们的责任是按照《审计准则第1602号——验资》的要求，实施了必要的审验程序，出具真实、合法的验资报告。

BB有限公司变更前的注册资本和投入资本分别为××万元和××万元，BB有限公司变更后的注册资本为××万元。根据我们的审验，截至200×年×月×日止，BB有限公司增加投入资本××万元，变更后的投入资本总额为××万元，其中实收资本××万元，资本公积××万元，盈余公积××万元（其中公益金××万元），未分配利润××万元。与上述变更后投入资本总额相关的资产总额为××万元，负债总额为××万元。

附件（一） 变更前后注册资本、投入资本对照表
附件（二） 变更前后资产、负债和所有者权益对照表
附表（三） 验资事项说明

XYZ会计师事务所（公章） 　　　　中国注册会计师（签名盖章）
地址： 　　　　　　　　　　　　报告日期：200×年×月×日

附件(一)

变更前后注册资本、投入资本对照表

被审验单位名称：BB有限公司　　截止到200×年×月×日　　．　　货币单位：

投资者 名　称	注　册　资　本				投　入　资　本				
	变更前		变更后		变更前		本次变更	变更后	
	金额	比例	金额	比例	金额	比例	增(减)额	金额	比例
合　计									

编制单位：XYZ会计师事务所　　　　注册会计师：　　　　填表人：

附件(二)

变更前后资产、负债和所有者权益对照表

被审验单位名称：BB有限公司　　截止到200×年×月×日　　　　货币单位：

资产和负债项目	变更前 余　额	变更后 余　额	所有者权益项目	变更前 余　额	变更后 余　额
资　　产：			所有者权益		
流动资产			实收资本		
长期投资			资本公积		
固定资产净值			盈余公积		
在建工程			其中:公益金		
无形及其他资产			未分配利润		
资产合计					
减:负债					
流动负债					
长期负债					
其他负债					
负债合计					
所有者权益合计			所有者权益合计		

编制单位：XYZ会计师事务所　　　　注册会计师：　　　　填表人：

附件(三)
验资事项说明
一、变更前后基本情况及变更审计情况；
二、注册资本及投入资本的变更情况；
三、债务清偿或债务担保情况；
四、其他说明事项。

复习思考题

1. 验资有哪些种类？其意义是什么？
2. 验资的一般原则是什么？
3. 验资分哪几个阶段？其主要内容是什么？
4. 形成实收资本的有哪些资本？试述它们的审验方法。
5. 审验变更验资时应注意哪几点？
6. 验资报告包括哪些基本内容？

李海波工作室
新世纪财经系列教科书

书名	定价
新编会计学原理——基础会计(第15版)	26.00元
新编会计学原理——基础会计习题集	18.00元
会计基础习题练习集	16.00元
新编财务会计(第六版)	39.00元
新编管理会计(第二版)	26.00元
新编预算会计(第六版)	28.00元
新编预算会计习题与解答	14.00元
行政事业会计(第五版)	23.00元
行政事业会计习题与解答	11.00元
新编企业会计(第三版)	34.00元
新编企业会计习题与解答(新版)	17.00元
新编商业会计——商品流通企业会计(第七版)	28.00元
新编商业会计——商品流通企业会计习题集	8.60元
金融会计(第三版)	27.00元
新编税务会计(第三版)	24.00元
新编税务会计习题与解答	15.40元
新编成本会计	18.00元
新编成本会计习题与解答	14.00元
新编施工企业会计(新企业会计准则版)	24.00元
外商投资企业会计(第四版)	21.00元
市场营销学	28.00元

	定价
新编金融概论	18.00 元
新编小企业会计实务	18.00 元
新编税法实务	16.00 元
新编小企业统计实务	22.00 元
新编会计电算化	28.00 元
新编审计学(第 5 版)	18.00 元
珠算(第二版)	15.00 元
财务管理(第七版)	20.00 元
财务管理习题集	9.00 元
企业管理概论(第二版)	23.60 元
中国税制(第三版)	18.00 元
中国税制习题与解答	11.00 元
新编经济法(第五版)	26.00 元
新编经济法习题与解答	12.80 元
新编财政学(第三版)	22.00 元
新编财政与金融(第四版)	28.00 元
新编统计学	24.50 元
新编国际金融	20.00 元
新编经济应用文写作教程	18.00 元
基础会计仿真操作指导	13.50 元

　　李海波工作室系列教科书内容新颖、科学规范、富有特色、实用性强。全国各地新华书店、经济书店、本社发行科均有售。

发行科电话：021－64411389　　　传真：021－64411325
地址：上海市中山西路 2230 号　　邮编：200235
　　邮购汇款额为：书款＋邮资(书款总额10%)＋邮挂费(3.00元)